**DAR AL-KALIMA**
UNIVERSITY PRESS

---

# AVKOLONISERA PALESTINA
### Landet, folket, Bibeln

---

## av MITRI RAHEB

*Med "Teologi efter Gaza"*
*Översättning: Ulla-Stina Rask*

*AVKOLONISERA PALESTINA*
*Landet, folket, Bibeln*
*Författare: Mitri Raheb*

*Översättning: Ulla-Stina Rask*
*Copyright @ 2023 Mitri Raheb*


*ISBN: 978-9950-376-58-8*
*Art direction : Dar al-Kalima Uuniversity Press*
*Designer : Ingrid Anwar Khoury*

---

*Bibelcitaten är hämtade ur Bibel 2000.*

*Till alla som tror på rättvisa
och som står emot bosättarkolonialism
i Palestina och på andra håll.*

# Innehåll

# Förord

Det finns några diktrader av den svenska katolska poeten och författaren Birgitta Trotzig som kommer till mig i min kontemplation över det som nu sker i Gaza och Palestina:

*Världens harmoniska ordning är ett dödsvrål.*
*Sålunda tror jag bara på mirakel och under.*

De orden sammanfattar för mig vad som skett i Gaza och hela Palestina under många, många år. Det började inte med den 7 oktober 2023, utan det började redan med den israeliska kolonisationen av Palestina. Det är här som Mitri Rahebs bok kommer oss till hjälp i västvärlden. Även om den först utgavs före hösten 2023, har dess budskap inte blivit mindre aktuellt.

Det strukturella våldet har legat där hela tiden, men det direkta våldet uttryckt i krig har brutit ut då och då, och nu åren 2023–2025 i intensifierad form. Till och med i formen av folkmord och fördrivning i Gaza och förföljelse och fördrivning på Västbanken.

## Ett erövringsprojekt?

Israel är från sin start förknippat med fördrivningen av det palestinska folket. *Nakba.* Katastrofen. Denna katastrof har blivit kontinuerlig och nu intensifieras den inte bara i Gaza utan även på Västbanken och i Östra Jerusalem. Liksom andra liknande erövringsprojekt utgår kolonisatören från att det inte finns något annat folk som kallar sitt land hemma. Man räknar med ett i övrigt tomt land och måste därför fördriva alla dem som utgör ett hot mot denna världsbild. Det är en bild av det som nu sker, som kan skrivas fram med palestinska erfarenheter och andra kolonisationsprojekt som guide.

# Ett räddningsprojekt?

Men utgör inte Israel ett räddningsprojekt? Ett räddningsprojekt för det utsatta judiska folket? Jo, så har majoriteten av världens länder och inte minst västländerna uppfattat det. Tidvis under pogromerna till exempel i gamla Ryssland och under nazistyret i Europa så var det så. Många är också de judar som i staten Israel ser och sett en garant för trygghet.

Det som nu framträder med Trumps stöd för Nethanyahu i åsidosättande av folkrätten och fördrivningen av palestinierna både i Gaza och på Västbanken är Israel som ett oförsonligt erövringsprojekt. Räddningsprojektet ligger nu dolt under ruinhögar med utplåningen av palestinska hem, civilsamhälle och akademi – förutom alla dem som dödats, men ännu inte återfunnits i rasmassorna.

Om Israel (också) är ett erövringsprojekt, så torde det ha folkrättsliga konsekvenser. Upphör Israels legitimitet enligt uttolkningen av FN-stadgan som motsätter sig erövringen av territorier med våld? Ska verkligen länder erkännas som stöder sig på fördrivningen av andra folk, på etnisk rensning och erövrande av territorier med våld?

# Det palestinska folkets framtid

I dessa dagar är det palestinska folkets framtid ytterligt osäker. Att då samlas till gemensamma studier och reflektion med den palestinske prästen, teologen och rektorn Mitri Raheb som vägvisare är väl använd tid. Mot slutet av boken har Sune Fahlgren gjort en studieplan som gör det lätt att samlas i lokala grupper och respektera varandras frågor och insikter.

*Kairos Palestine Sweden* vill med utgivningen av denna översättning till svenska främja att palestinska röster blir mer hörda i Sverige, och då inte minst palestinska teologer. Den kunskap som den palestinska erfarenheten ger är livsnödvändig för oss i väst. Den utgör ett alternativt narrativ i förhållande till den för tillfället dominanta diskursen och andra berättelser.

Originalutgåvan av boken är utgiven de första veckorna i september 2023, alltså några veckor före den 7 oktober. Mot slutet av processen med denna utgivning bad vi Mitri Raheb om en uppdatering av situationen. Vi är därför tacksamma för tillägget "Teologi efter Gaza", skrivet av Raheb under sommaren och tidig höst 2024. Texten utmanar oss att ta ut vår moraliska kompass efter Gaza.

Som teolog, präst och kristen är det för mig av betydande värde att förstå att det palestinska folket med hjälp av de palestinska kyrkorna gestaltar en tvåtusenårig närvaro i Palestina. Det är inget tomt land, som kolonisatörer då eller nu kom till. Det är ett bebott land med det folk som har sina rötter här, som genom historien bekänt sig som judar, kristna och muslimer. Palestina och det palestinska folket är en historisk verklighet som i dag behöver vår solidaritet som aldrig förr. Att börja med att lyssna till deras berättelser är det minsta vi kan göra.

Sist men inte minst. Ett stort tack till Ulla-Stina Rask för översättningen till svenska!

*Anna Karin Hammar*
Ordförande, Kairos Palestine Sweden
www.kairospalestine.se

# Inledning

För palestinierna, också de kristna bland befolkningen, är Palestina ett verkligt land med ett verkligt folk. Det är vårt hemland, våra förfäders land. För många kristna i väst är Palestina något av ett fantasiland som de i första hand känner till från Bibeln. För dem har landet inte så mycket att göra med det verkliga Palestina.

När jag talar om "kristna i väst" syftar jag inte bara på evangelikala teologer eller kristna sionister. Jag talar också om allmänt respekterade och kompetenta teologer i många olika samfund. Under de senaste sjuttio åren har vissa teologiska koncept vunnit mark och koloniserat tankevärlden hos generationer av teologer i hela världen. Intentionerna bakom dessa koncept kan ha varit goda, men de upprätthåller en orientalism som får farliga konsekvenser för den aktuella situationen i det ockuperade Palestina.

I sin naivitet fortsätter kristna teologer att använda ett språk och teologiska idéer som stöder den israeliska bosättarkolonialismen, något som vållar det palestinska folket stor skada. Det är dags att avkolonisera den här teologin som berövar det infödda palestinska folket deras land, försörjning och rötter. Det är dags att skrota den teologiska mjukvaran som möjliggör det israeliska förtrycket av Palestinas folk. Det är dags för ett paradigmskifte, och vi måste börja med verkligheten på marken.

Den här boken är ingen teoretisk övning av en teolog som bor i ett elfenbenstorn. De problem som lyfts i boken handlar om existentiella frågor för det palestinska folket i allmänhet och de palestinska kristna i synnerhet. Boken är framsprungen ur den korseld det innebär att leva som en palestinsk kristen i Betlehem. Som palestinier bevittnar vi dagligen hur israeliska bosättare är i färd med att kolonisera vårt land. Bit för bit beslagtas marken runt våra hem, och den israeliska bosättarkolonialismen lämnar inget utrymme för nästa generation palestinier.

Det här är en verklighet som alla palestinier i det historiska Palestina upplever. Som kristna ser vi hur Bibeln görs till ett vapen för att driva det här koloniseringsprojektet och hur det underbyggs med teologiska motiv. Bibeln, som är en del i vårt arv, vänds emot oss för att helga och försvara en judisk särställning och stödja bosättarnas kolonisering av vårt land.

Den här boken är ett första försök att formulera en dialog mellan teorierna bakom bosättarkoloniseringen och den palestinska teologin. Den är ett led i att vidareutveckla en kontextuell palestinsk kristen teologi som bemöter de bosättarkoloniala teorierna. Den vill vara en väckarklocka för människor som är intresserade av Israel/Palestina för att de ska vakna upp för den rådande verkligheten, börja reflektera kritiskt och profetiskt över vad Bibeln säger och engagera sig för ett paradigmskifte. Den är en väckarklocka för att skapa insikt om hur ett bibliskt språk används som förklädnad för att motivera exklusiva nationalistiska och expansionistiska ideologier. Det är min förhoppning att detta nya paradigmskifte ska leda oss närmare rättvisa och närmare Guds heliga Ande.

## Den lilla staden ... Ett stort ghetto!

Min familj har sina rötter i Betlehem, staden där jag föddes och fortfarande bor. Närheten till Jerusalem har gjort den till en betydelsefull knutpunkt för handel, religion och kultur i Palestina sedan långt tillbaka i historien. För handeln i området är Betlehem en viktig tillgång med sitt läge vid huvudvägen mellan Jerusalem och Hebron. Som Jesus födelseplats är staden en stor turistattraktion i regionen. Den är också en livfull och viktig kulturell mötesplats för olika kategorier av befolkningen – bönder, herdar och stadsbor – med de bördiga odlingsterrasserna i väster och bergsöknarna med klostren i öster.

Från 300-talet och fram till 600-talet blev området en magnet och ett centrum för klosterliv. Inom trehundra år anlades mer än 150 kloster i öknarna runt Betlehem. Förutom de kristna klostren finns också många muslimska heliga platser och moskéer, varav den mest kända är Nebi Musa, där profeten Mose enligt muslimska källor anses vara begraven. Vid sidan av det religiösa arvet och klostertraditionen är naturen kring Betlehem en turistattraktion med en enorm potential för naturupplevelser och friluftsliv. Man kan vandra, campa, klättra i berg, cykla mountainbike, köra fyrhjuling eller studera djurliv och stjärnhimmel. Dock är verkligheten i dag att 86 procent av den areal som Betlehems guvernörskap omfattar ligger under total israelisk kontroll, antingen av israeliska kolonialprojekt eller av israelisk militär.

Endast 14 procent av Betlehems totala areal är för närvarande under palestinsk kontroll. Det finns ingen mark kvar där den infödda befolkningen i Betlehem och de omgivande byarna kan bygga något nytt. Under dessa omständigheter räcker ordet *ockupation* inte till för att korrekt beskriva det som pågår under den israeliska regimen, nämligen en koloniseringsprocess och en aggressiv expansion av bosättningar på palestinsk mark runt om i det historiska Palestina. Dessa kolonialprojekt är olagliga enligt internationell lag och ett brott mot mänskliga rättigheter.

Betlehems guvernörskap omfattar en yta av 658 kvadratkilometer och har en palestinsk befolkning på omkring 230 000 invånare. Israel ockuperade Västbanken i juni 1967, när jag var fem år gammal. Under de gångna 55 åren har judiska bosättare varit inriktade på att strypa vår stad genom att omge den med israeliska kolonier (bosättningar). I början av 1970-talet drog Israel i gång sitt projekt att anlägga exklusiva judiska kolonier på mark som tillhörde Betlehems guvernörskap. I dag finns det tjugosju sådana kolonier med närmare 150 000 israeliska bosättare. De här kolonierna utvecklas av privata israeliska entreprenörer och mäklare på palestinsk mark av högsta kvalitet. Judiska bosättare med västerländskt tänkesätt har för avsikt att lägga beslag på palestinsk mark och förvandla den till bostads- och rekreationsområden med exklusivt tillträde för judar.

Det har investerats miljarder dollar i dessa kolonier, och det finns kopplingar till amerikanska magnater som Irving Moskowitz och Sheldon Adelson. Ett exempel är Gutz Etzion-området som skurit av stora delar av södra Betlehem. Där finns mer än tjugo judiska kolonier, bland annat Gilo och Jabal Abu Gneim (Har Homa) i norr med nära 70 000 bosättare. Runt Betar Illit i väster finns flera kolonier med ca 60 000 bosättare, och i söder och sydväst Efrat och Tekoa med 11 000 respektive 4 000 bosättare.

Planeringen och valet av plats för etableringen av Gush Etzion styrdes inte av slumpen utan gjordes medvetet och avsiktligt. För det första betyder närheten till den "gröna linjen" att staten Israels territorium har utvidgats aktivt och inkräktat djupt in i Västbankens landområde. För det andra är större delen av de här bosättningarna byggda på den västra sluttningen av bergskedjan som löper mellan Jerusalem och Hebron. Den höjer sig 750 meter över havet, och tack vare tillräckligt med regn varje år utgör den en mycket bördig odlingsmark. Det är ingen slump att Bibeln kallar den här delen av Betlehem för *Efrata* som betyder "bördig mark" (Mika 5:2). De judiska bosättarkolonierna som omger Betlehem och dess grannstäder (Beit Sahour, Beit Jala och Doha) är utspridda så att de omfattar maximala ytor av palestinsk mark för framtida expansion. De palestinska städerna stryps och har inga möjligheter att växa. De flesta av kolonierna är avskilda från Betlehemsregionen med en nära 56 kilometer lång och åtta meter hög betongmur. Muren är färdigbyggd till två tredjedelar och helt och hållet placerad på ockuperad mark innanför Betlehems kommungränser. Näst efter Hebron är Betlehem den stad som påverkats mest av separationsmuren.

Den andra gruppen av bosättarkolonier i Betlehems guvernörskap, Megilot Regional Council, anlades längs Döda havet. Den består av sju mindre bosättningar med knappt tretusen invånare. Även om de här bosättningarna är små så är de strategiskt placerade så att de kontrollerar omkring 300 km av den västra kustlinjen längs Döda havet. När turister ligger och flyter i Döda havet tänker de sällan på att de flyter på vatten som tillhör Betlehem men exploaterats av en israelisk koloni. Döda havet är en viktig turistattraktion som ger stort inflöde av utländsk valuta genom både inhemsk och internationell turism. Det har också rika tillgångar på pottaska (kaliumkarbonat) och andra mineraler. Havet är ett ovärderligt kulturarv och turistmål som erbjuder en unik och hälsofrämjande miljö. Längs Döda havet finns också andra attraktioner, till exempel flera färskvattenkällor: Ein-Faschcha, Ein el-Ghuwer och Ein et-Turabe. De här platserna var förr uppskattade utflyktsmål för palestinier från Västbanken. När jag gick i skolan åkte vi ofta dit och hade picknick, och vi älskade att bada i färskvattenbassängerna.

I dag kontrolleras och administreras området av en israelisk koloni som erbjuder rekreation för israeliska soldater och militär personal, men tillträdet för palestinier är starkt begränsat. Området längs Döda havet uppgår till cirka tio procent av Betlehems areal. I öster gränsar Betlehems guvernörskap till Jordanien, och Betlehem borde ha rätt till kontroll över den västra dödahavskusten medan Jordanien har kontrollen över den östra kusten och havsterritoriet där. Men den israeliska armén och bosättarna kontrollerar hela den västra dödahavskusten och dess mineralfyndigheter, plus de vattentillgångar som tillhör Betlehem.

Förutom de två bosättningsområden som nämnts ovan finns ett tredje område väster om Döda havet och öster om Betlehem, som nu förklarats som militär zon och används av Israel för militärövningar. Denna landremsa som är ungefär en halvmil bred sträcker sig från norr till söder rakt igenom Betlehems territorium och utgör 40 procent av hela Betlehems kommunareal. Även om området benämns som öken och ödemark, så finns i de djupa marklagren en enorm grundvattentillgång på omkring 127 miljoner kubikmeter färskvatten, och det är en viktig livsmiljö för vilda djur. Här finns ett djurliv och en artrikedom av växtlighet som är av största betydelse.

Den här koloniseringsprocessen har i praktiken pågått i mer än ett sekel, sedan judar från Europa anlade sina första bosättningar i Palestina i slutet av 1800-talet. År 1947 ägdes bara cirka 5 procent av Palestinas yta av judiska invånare. Vid kriget 1948 tog Israel över 77 procent av det historiska Palestina och fördrev mer än 750 000 palestinier från deras hem och mark. Hus och ägor beslagtogs, och 86 procent av marken definierades som statlig egendom eller "övergiven" mark som bara israeliska judar fick ha tillgång till. Den här policyn liknar doktrinen om upptäckt, som använts i andra koloniala sammanhang. Det som blev över åt palestinierna var 6 procent av marken innanför den "gröna linjen", gränsen som drogs vid stilleståndsavtalet 1949. År 1967 ockuperade Israel Västbanken och Gaza-remsan, plus Golanhöjderna och Sinai. Koloniseringen har sedan fortsatt på Västbanken, och mer än hälften av området kontrolleras nu av israelisk militär och/eller bosättare. I strid mot internationell lag och Genèvekonventionen har Israel satsat enorma summor på att bygga och underhålla israeliska kolonier dit mer än 800 000 judiska bosättare har förflyttats, med följden att Västbankens hela demografi förändrats. I dag liknar Palestina en schweizerost, där Israel har osten, det vill säga marken och naturtillgångarna, medan den arabiska palestinska befolkningen tvingas tränga ihop sig i överbefolkade städer utan resurser. Min hemstad Betlehem är bara ett exempel på följderna av den här koloniala bosättarpolicyn.

Det är uppenbart att det som Israel håller på med är en kolonisering, och verkligheten på marken är kristallklar. Situationen är inte "komplicerad" som somliga ibland säger för att fördunkla ämnet. Internationell lag är otvetydig i frågan, liksom det stora antalet FN-resolutioner vittnar om. Ändå upprepas ständigt bibelcitat och uttryck som "gudomliga rättigheter", "löftesland", "Judéen" och "det utvalda folket" för att ge koloniseringen av Palestina en biblisk legitimitet och därmed politisk giltighet. Det här språkbruket används i kyrkliga kretsar och vid allmänna evenemang såväl som på högsta politiska nivå, till och med i FN:s säkerhetsråd.

# Gamla testamentet: Israels sista räddningsplanka?

Den 23 december 2016 samlades FN-s säkerhetsråd för att diskutera utvidgandet av den israeliska koloniseringen av palestinsk mark på Västbanken och i östra Jerusalem. Resolution nr 2334 (2016) hade antagits av fjorton länder, medan USA under Obamas regering lagt ned sin röst. Resolutionen bekräftade åter säkerhetsrådets ställningstagande att de israeliska bosättningarna inte har någon laglig giltighet och utgör ett flagrant brott mot internationell lag. Texten lyder som följer:

> *Säkerhetsrådet,*
> Återbekräftar sina relevanta resolutioner ...
>
> *I enlighet med* Förenta nationernas stadgar och principer, bland annat det oacceptabla i beslagtagande av egendom med tvång,
>
> *Återbekräftar* Israels förpliktelse att som ockupationsmakt noggrant följa de juridiska förpliktelser och det ansvar som gäller enligt den fjärde Genevekonventionen i fråga om skydd för civilpersoner under krigstillstånd, från den 12 augusti 1949, och påminner om det rådgivande utlåtande som utfärdades den 9 juli 2004 av Internationella domstolen,
>
> *Fördömer* samtliga åtgärder som syftar till att förändra den demografiska sammansättning, karaktär och status som de palestinska territorierna har sedan ockupationen 1967, inklusive östra Jerusalem, omfattande bland annat uppbyggnad och expansion av bosättningar, förflyttningar av israeliska bosättare till dessa, konfiskering av mark, rivning av hem och fördrivning av civila palestinier, i strid mot internationella humanitära lagar och gällande resolutioner.

*Uttrycker* stark oro för att fortsatt israelisk aktivitet med bosättningar riskerar att äventyra möjligheten till en tvåstatslösning baserad på 1967 års gränser.

USA-s representant i Säkerhetsrådet förklarade att beslutet att lägga ned rösten i stället för att lägga veto berodde på att bosättningarna underminerar Israels säkerhet och urholkar utsikterna till en tvåstatslösning, med följden att freden och stabiliteten i hela området riskeras. När alla femton medlemsstaterna i Säkerhetsrådet hade fått ordet, talade Israels FN-representant Danny Danon till rådet:

> Herr president, detta är en dålig dag för det här rådet... Säkerhetsrådet har slösat bort dyrbar tid och energi på att fördöma den demokratiska staten Israel för att man bygger hem åt judiska invånare i deras historiska hemland. Gång på gång har vi framlagt sanningen för det här Rådet och vädjat till er att inte tro på de lögner som framförs i den här resolutionen. Jag ställer frågan till varje enskild medlem i Säkerhetsrådet, som röstade för den här resolutionen: Vem gav er rätten att utfärda ett sådant dekret, som förnekar våra eviga rättigheter i Jerusalem? ... Vi övervann dessa dekret under mackabéernas tid och vi ska övervinna även detta onda dekret i dag. Vi har full tillit till rättvisan i vår sak och till det rättfärdiga i vår väg. Vi kommer att fortsätta vara en demokratisk stat grundad på lag och medborgerliga och mänskliga rättigheter för alla våra medborgare, och vi kommer att fortsätta vara en judisk stat. Vi ska med stolthet fortsätta att bebo och återta våra förfäders land, där mackabeerna kämpade mot sina förtryckare och kung David regerade från Jerusalem.

Strax innan talet var slut hände något som fångade min fulla uppmärksamhet. Danon plockade fram en hebreisk bibel, höll upp den och sade:

Den här heliga boken, Bibeln, innehåller tretusen år av det judiska folkets historia i Israels land. Ingen kan någonsin ändra på den historien.

Det är så här situationen ser ut i dag i landet Palestina. De bibliska berättelserna används som historia till stöd för det koloniala bosättarprojektet. Specifika bibliska gestalter lyfts fram för att legitimera en exkluderade ideologi om en modern statsbildning. Bibeln används i dag av den nuvarande israeliska regeringen, av sioniströrelsen och av kristna sionister för att kolonisera Palestina och för att byta ut den ursprungliga befolkningen genom att sakta men säkert driva bort dem från landet. Det ska också sägas att inte bara kristna sionister utan även många liberala teologer ger ut teologisk litteratur som, medvetet eller omedvetet, bidrar till en ideologisk grund för kolonisationen av Palestina därför att man inte förmedlar hela bilden.

## Bokens struktur

Den här boken består av fyra kapitel. Det första analyserar de senaste hundra åren av Palestinas historia ur bosättarkolonisationens perspektiv, med betoning på samspelet mellan religion och politik. Där läggs en grund för att förstå den palestinska frågan inte som en konflikt mellan två parter, utan som ett avsiktligt och kontinuerligt kolonialt bosättningsprojekt, där Bibeln används som vapen och det internationella samfundet blir medskyldigt.

Det andra kapitlet vill visa på en ny definition av fenomenet kristen sionism, med större tonvikt på handling än på tro. Jag hävdar att den kristna sionismen bör definieras som en kristen lobbyism som stöder bosättarkolonialismen i Palestina genom att använda bibliska/teologiska konstruktioner inom ett metaforiskt narrativ, där man tar hänsyn till globala och lokala aspekter.

Det tredje kapitlet tar upp frågorna kring mark och hur den

exploateras av bosättarkolonisationen, samt visar på ett palestinskt och icke kolonialt sätt att tolka det bibliska perspektivet på landet.

Det fjärde kapitlet behandlar föreställningarna om biblisk utvaldhet och egendomsfolk, en tolkningsmodell som utgör ett teologiskt dilemma för det palestinska folket. Begreppet utvaldhet var ursprungligen framsprunget ur en känsla av maktlöshet i mötet med imperiet, men i dag knyts utvaldheten till sammanhang som europeisk nationalism, bosättarkolonialism och amerikansk exceptionalism. I slutet av kapitlet presenteras ett palestinskt icke-kolonialt perspektiv på föreställningarna om ett utvalt folk.

Boken avslutas med ett tillägg som analyserar komplexiteten hos kyrkor och politiker som stöder det israeliska bosättarkoloniala projektet i Palestina. Det här är en av de sista striderna som utkämpas mot kolonialism i vår värld, i en era som i stort sett betraktas som postkolonial. Att avkolonisera den kristna teologin som handlar om det palestinska landet och folket är en akut nödvändighet. Det är hög tid för ett paradigmskifte.

# 1
# Bosättarkolonialism, Palestina och Bibeln

Den rådande situationen i Palestina beskrivs oftast som en "konflikt", som om det handlade om en konflikt mellan två parter, även om dessa parter inte är jämbördiga; en konflikt om mark och naturtillgångar, en konflikt om heliga platser som har djupa samband med identitet, eller en konflikt mellan kolonisatör och den koloniserade. Detta är det dominerande paradigmet som används i media, i akademiska sammanhang och i allmänna debatter. Det är också det paradigm som används i dag när den rådande situationen beskrivs som en konflikt mellan Israel och Hamas. Det är utifrån den föreställningen som det internationella samfundet försöker "lösa" konflikten, eller åtminstone hantera den, hittills utan framgång. Dessa felaktiga föreställningar har förvärrat situationen och lett till förödande konsekvenser, vilket vi bevittnar i dag.

Att definiera det hela med ordet "konflikt" är i högsta grad missvisande. Beteckningen av situationen som ockupation blir inte heller korrekt – det som hänt under det senaste århundradet kan, trots Palestinas historia, inte beskrivas som ockupation. Behovet av ett nytt ramverk och ett paradigmskifte är stort och akut. Den situation som rått och råder i Palestina efter Balfourdeklarationen är ingenting annat än bosättarkolonisering, och det är ämnet för detta kapitel.

# Bosättarkolonialism

Bosättarkolonialismen är en speciell form av kolonisation som blivit föremål för ökat intresse i socialantropologisk och etnisk forskning efter kalla kriget, även om den förekommit i århundraden. I motsats till de postkoloniala situationerna, där kolonisationen var tydligare avgränsad i tid, är bosättarkolonialismen en pågående process och verklighet. Patrick Wolfe och Lorenzo Veracini har utfört ett omfattande forskningsarbete på det här området, som resulterat i ett flertal publikationer. De visar på att bosättarkolonialism är en global företeelse som sträcker sig från Australien till Kanada, från USA till Sydafrika och från Fijiöarna till Palestina.

Begreppet bosättarkolonialism formulerades av Patrick Wolfe i hans banbrytande avhandling *Settler Colonialism and the Transformation of Anthropology: The Politics and Poetics of an Ethographic Event* som publicerades 1998. Wolfe skapade här den teoretiska ramen för akademisk forskning kring bosättarkolonialism.[1] År 2010 följdes den upp av ännu ett omfattande verk av Lorenzo Veracini med titeln *Settler Colonialism: A Theoretical Overview*, som lyfte fram den aktuella globala dimensionen av bosättarkolonialism.[2] Under de två första decennierna av 2000-talet kunde man se ett ökande intresse för det här ämnet genom ett stort antal artiklar och böcker, där bosättarkolonialismen lyftes fram som en global företeelse som sträcker sig från Australien till Kanada, från USA till Sydafrika och från Fijiöarna till Palestina.[3]

De permanenta bosättningarna av kolonisatörer på ockuperad mark är det huvudsakliga kännetecknet som skiljer bosättarkolonialismen från klassisk eller nyetablerad kolonisation. Bosättarkolonisatörerna upprättar och genomför statlig överhöghet och juridisk kontroll över det ursprungliga området med det djupare syftet att eliminera den infödda befolkningen där. Ursprungsbefolkningen blir som obehöriga främlingar medan bosättarna tar på sig rollen som infödda med hjälp av olika politiska mekanismer, ideologiska konstruktioner och sociala narrativ. Ursprungsbefolkningens områden beskrivs som *terra nullius,* tom eller oanvänd mark som bara väntar på att bli upptäckt och sedan bli bosättarnas privata egendom. Ursprungsbefolkningen framställs i rasistiska ordalag som vilda och våldsamma terrorister medan bosättarna målas ut som civiliserade och modiga pionjärer. För att försvara de beslagtagna områdena mot "vildarna" skapas en polisstat som ges oerhört stor makt över ursprungsbefolkningen, också över deras privata angelägenheter.

Tesen om bosättarkolonialism användes från början mest när man talade om Australien, Nya Zeeland och Nordamerika, men de senaste åren har många framstående forskare publicerat texter, där de tillämpat tesen på staten Israel, bland andra Lorenzo Veracini, Magid Shihadeh, Steven Salaita, Shira Robinson, Elia Zureik, Nadim Rouhana, Areej Sabbagh-Khoury och Naha Abdo. Den senaste som bör nämnas är Rashid Khalidi och hans omfattande verk *The Hundred Years' War on Palestine: A History of Settler Colonialism and Resistance, 1917–2017.*[4] De flesta av de palestinska forskare som tillämpat paradigmet bosättarkolonialism på Israel har varit bosatta innanför den Gröna Linjen.[5] Dock var ingen av dem teologiskt utbildade; inte heller gjorde de något försök att undersöka sambandet mellan bosättarkolonialism och teologi.

Bosättarkolonialismen var ingenting som fanns med i teologiska sammanhang förrän den finske forskaren i Gamla testamentet Pekka Pitkänen nyligen lyfte fram det här sambandet i sina studier av Moseböckerna och Josua och gjorde en koppling till Israel och Palestina.[6] Pitkänen visade på ett övertygande sätt hur de sex första böckerna i Gamla testamentet innehåller alla viktiga kännetecken på bosättarkolonialism. I nästa avsnitt ska jag tillämpa teorin om bosättarkolonialism på situationen i Israel–Palestina genom att se närmare på den historiska utvecklingen av det judiska bosättarkoloniala projektet ända från den brittiska mandatperioden fram till den nuvarande Trump-eran, och på den kristna teologins roll i denna historia.

# Bosättarkolonialismens teologiska politik: Fallet Israel

Kristen teologi har spelat en roll i nästan alla bosättarkoloniala projekt, också i Nordamerika, Sydafrika och Australien. George Tinker, luthersk teolog med rötter i ursprungsbefolkningen i USA, skrev så här i sin bok *Missionary Conquest: The Gospel and Native American Cultural Genocide:*

> Europas koloniala erövring av Amerika utkämpades till stor del på två separata men symbiotiskt relaterade fronter. Den ena var ganska öppen och uppenbar; den handlade om den politiska och militära strategi som drev bort människor från deras mark för att ge utrymme åt den mer "civiliserade" erövraren och syftade till att beröva ursprungsbefolkningen på all fortsatt bestämmanderätt och egen förvaltning. Den andra fronten, som var precis lika målmedveten i sin erövring om än lite mer subtil och mindre uppenbart synlig, var den religiösa strategi som tillämpades av missionärer från alla samfund ... I det projektet blev teologin en viktig ingrediens, precis som i det europeiska underkuvandet av ursprungsfolken, och missionärerna blev en viktig strategisk styrka.[7]

Det som hände i Amerika är av samma slag som hänt i Palestina. Palestina är alltså inget undantag, och ändå fortsätter Palestina att vara ett undantag. Även om ingen i dag skulle våga citera Bibeln för att försvara bosättarkolonialismen i Australien eller Nordamerika, är det precis en sådan referens till Bibeln som många kristna och judar har gjort i nära tvåhundra år och fortsätter att göra det om erövringen av Palestina än i denna dag. Dessutom har samspelet mellan bibeltolkningen och det koloniala bosättarprojektet i Palestina inte varit statiskt utan genomgått olika förändringar, där det anpassats till aktuella skeenden. Jag vill här lyfta fram fem viktiga skeden i relationen mellan det judisk-israeliska koloniala bosättarprojektet och Bibeln.

### Steg ett: Plantering av frön

Ett förnyat intresse för judendom och judar växte fram som en följd av den religiösa väckelsen i Europa och den Andra stora väckelsen i Nordamerika på 1800-talet. De snabba samhälleliga och politiska förändringarna under den tiden gjorde att människor började tro att Jesus återkomst var nära. Dock var det tre skeenden som ansågs vara förutsättningar för att detta skulle hända: protestantismens framgång genom mission, segern över islam som yttrade sig i det ottomanska rikets undergång och judarnas omvändelse till kristendomen. Den engelsk-irländska bibelläraren John Nelson Darby (1800–1882) kopplade samman judarnas omvändelse med Bibelns profetior om upprättandet av "riket Israel". Hans tolkningar återgavs i bibelutgåvan *Scofield Reference Bible* som blev en populär version under den tiden (senare översatt till svenska som "Studiebibel" i olika utgåvor, *ö a*).

Darbys "riket Israel", som började som en teologisk konstruktion, började ta form i den politiska verkligheten efter Ibrahim Pashas ockupation av Palestina 1831. Ibrahims far Muhammad Ali Pasha (1769–1849), en ottomansk alban, tog makten över Egypten efter Napoleons tillbakadragande. Hans dröm var att skapa en modern stat utifrån europeisk modell som skulle omfatta området mellan floderna Nilen och Eufrat. Med det målet i sikte erövrade hans son Ibrahim Pasha stora delar av Syrien, inklusive Palestina. Under hans regim öppnades ett brittiskt konsulat, och grunden lades för Christ Church, en sionistisk anglikansk församling för konverterade judar i Jerusalem, båda belägna intill Jaffaporten.

Ibrahim Pashas ockupation av Palestina utgjorde ett hot inte bara mot de ottomanska härskarna utan också mot européer som hade viktiga intressen i Mellanöstern. För att säkra sin kontroll över handelsvägar och naturtillgångar beslöt Storbritannien och Australien 1840 att komma till ottomanernas undsättning mot Ibrahim Pasha och lyckades driva bort honom från Syrien och Palestina. Tio år senare, i samband med Krimkriget (1853–1856), då Frankrike och Ryssland stred för att skaffa sig kontroll över de heliga platserna, trädde en evangelisk kristen fram – den sjunde greven av Shaftesbury – och ville veta vem som skulle ha herraväldet över det heliga landet och Syrien.

De evangeliska kristna fokuserade till att börja med på "återställandet" av det judiska folkets rätt till vad som ansågs vara deras ursprungliga hemland: Palestina. Att beteckna inkräktare som infödda som har rätt till det koloniserade landet är ett av dragen hos bosättarkolonialismen. Att skicka brittiska judar till Palestina tjänade inte bara det brittiska imperiets intressen utan skulle också, i en outtalad förhoppning hos brittiska politiker, kunna lösa judefrågan därhemma. Det krympande utrymmet för judar i Europa bidrog till att sioniströrelsen gradvis anammade denna speciella kristna historiesyn och dess tolkning av bibliska profetior. Judar kunde lämna Europa, och ur sionismen skapades en "realpolitisk" agenda. År 1896 gav Theodor Herzl ut sin skrift *Der Juden Staat* och antog därmed denna anglo-europeiska plan. Han argumenterade för en judisk nationalstat som en utpost för den västerländska civilisationen. I den staten skulle brittiska judar ha hand om ledningen, och östeuropeiska judar skulle bidra med billig arbetskraft för att utveckla Palestina.[8] Hans bosättarkoloniala avsikter blev kristallklara i hans dagboksanteckningar från 1895:

> Vi måste försiktigt expropriera de privata egendomar som till-delas oss. Vi ska försöka uppmuntra den utfattiga befolkningen att bege sig över gränserna och ge dem sysselsättning i trans-itländerna medan vi förnekar dem anställning i vårt eget land. Egendomsägarna kommer att gå över till vår sida. Både ex-proprieringsprocessen och förflyttningen av de fattiga måste genomföras diskret och försiktigt.

Utfallet av första världskriget gav rörelsen det genombrott som den strävat efter. Den 2 november 1917 skrev den förste greven av Balfour, Arthur James Balfour, då brittisk utrikesminister, till sin kollega i parlamentet baron Walter Rothschild (1868–1937) som även var en framstående bankman:

> Det bereder mig stor glädje, att å regeringens vägnar överbringa Eder följande deklaration av medkänsla med de judiska sionisternas strävanden, vilka har blivit underställda och bifallna av kabinettet: Regeringen ser med välvilja på en i Palestina upprättad nationell hemvist för det judiska folket och kommer att på bästa sätt bemöda sig om att underlätta verkställandet av denna avsikt, under den otvetydiga förutsättningen att intet må göras som kan inverka menligt på de mänskliga eller religiösa rättigheterna hos befintliga ickejudiska samhällen i Palestina, eller de rättigheter och den politiska ställning som åtnjuts av judar i något annat land.[10]

Tidpunkten för det här kabinettbeslutet var ingen tillfällighet. Den brittiska armén, då stationerad i Egypten, var redo att storma södra Palestina. Den 22 november, bara några veckor efter Balfourdeklarationen, erövrades Jerusalem av överbefälhavaren för den egyptiska expeditionsstyrkan, sir Edmund Allenby. Det "bibliska löftet" om "landet" blev nu ett myndighetsbekräftat löfte om Palestina till de europeiska judarna. De infödda invånarna, kristna och muslimer som utgjorde 95 procent av befolkningen, framställdes i negativa termer som "icke-judiska befolkningsgrupper" som möjligen kunde få "civila och religiösa rättigheter" men inga nationella rättigheter eller bestämmanderätt i landet. Att göra åtskillnad mellan civila och religiösa rättigheter å ena sidan och nationellt självbestämmande å andra sidan är också ett viktigt kännetecken hos bosättarkolonialismen.

Balfourdeklarationen banade väg för det brittiska mandatet över Palestina 1920 med målet att förbereda de europeiska judarnas övertagande av landet. Det brittiska mandatets regering hjälpte till med att möjliggöra inflyttning och bosättning för europeiska judar, i synnerhet efter 1933. Palestinska intellektuella – bland andra redaktören för tidningen *al-Karmel*, Najib Nassar, Ruhi al-Khaldi i Jerusalem och antropologen och läkaren Tawfiq Canaan, för att nämna några – förstod på ett tidigt stadium att bosättarkolonialism fanns med i sioniströrelsens avsikter.[11] Den långa politiska strejk som följde 1936 var en palestinsk revolt mot den bosättarkolonialism som brittiska mandatets politik stödde.

## Steg två: Ta över landet

Den 15 maj 1948 drog Storbritannien tillbaka sina styrkor från Palestina. De europeiska judar som ägnat sig åt att "kartlägga" landet under två decennier var beredda att ta över. Exakt den dagen utropade de staten Israel, vilket resulterade i anfall från arabländer i omgivningen. Det arabisk-israeliska kriget 1948 gav det bosättarkoloniala projektet en rejäl knuff. Totalt 77 procent av det historiska Palestina ockuperades av israeliska styrkor och judiska terrorgrupper och blev nu staten Israel. Sammanlagt 452 palestinska byar förstördes, och mer än 750 000 palestinier fördrevs från sina hem och blev flyktingar med omedelbar verkan.

Att undanröja den infödda befolkningen, erövra deras land och förstöra deras byar för att skapa en *terra nullius* – öde ingenmansland – är de kännetecken som definierar bosättarkolonialismen. Palestinier utsattes för en påtvingad migration, där de tvingades lämna sina hem och sina ägor och hamnade i en obestämbar verklighet som flyktingar antingen i flyktingläger eller i exil i andra länder. Det här nederlaget har i det palestinska kollektiva minnet fått beteckningen *Nakba*, "katastrofen". *Nakba* skapade gynnsamma förutsättningar för Israel att gå vidare med sitt koloniala bosättarprojekt genom etnisk rensning av den infödda palestinska befolkningen och konfiskering av deras ägor genom lagar om frånvaro. Resterande områden sattes under militär kontroll.

Den palestinska *Nakba* inföll i samband med två viktiga skeenden som hade koppling till andra världskriget och som skulle visa sig bli avgörande för utvecklingen av det israeliska koloniala bosättarprojektet. Det första var när den amerikanske presidenten Roosevelt skrev under den så kallade *G.I. bill*, en federal lag genom vilken miljontals amerikanska krigsveteraner från andra världskriget fick en rad förmåner. Dock var svarta och ursprungsbefolkningens veteraner undantagna från lagen. I Europa hade judarna i decennier betraktats som annorlunda och underlägsna andra vita européer, men i USA blev judarna nu inräknade i den vita rasen.[12] Det andra var att begreppet "judisk-kristen tradition"[13] började användas i den amerikanska kulturen. James Loeffler citerar K. Healan Gaston och skriver:

> När amerikanarna försökte förklara sitt lands roll i att avvärja nazisternas angrepp på den västerländska kulturen, blev sammankopplandet av demokrati och religion ett användbart hjälpmedel för judiska och kristna religiösa ledare och politiker att demonstrera en gemensam antifascistisk ståndpunkt. Men [begreppet judisk-kristen tradition] hade egentligen bara sin storhetstid vid krigsslutet, då retoriken lätt övergick i det kalla krigets nya vokabulär. Hos antikommunistiska liberaler blev begreppet en bekväm sammanfattning "för religiös pluralism i allmänhet, som kunde stå för en obegränsad mångfald och obegränsad trosfrihet som grundpelare i det demokratiska livet".[14]

Skapandet av en ny stat med ett gammalt bibliskt namn orsakade dock stor förvirring. Staten Israel och judiska organisationer gjorde stora ansträngningar för att framställa den nya staten Israel som en "biblisk företeelse" och judarnas migration till Palestina som en mirakulös "återkomst till deras forna hem". Ett påtagligt exempel på denna riktade profilering var att fartyget som transporterade judiska invandrare till Palestina 1947 gavs namnet *Exodus*. Leon Uris roman *Exodus* som kom ut 1958 och blev en bästsäljare, handlade om dessa immigranter. En film utifrån boken spelades in i Hollywood

1960. Filmen var obestridligt sionistisk propaganda, och den hade ett enormt inflytande på hur situationen i Palestina började uppfattas – eller snarare missuppfattas – av amerikaner och européer.

Men för att ett kolonialt projekt skulle lyckas krävdes kontinuerligt politiskt stöd och bistånd med militära förnödenheter från "moderländer". Detta kom till att börja med från Frankrike och sedan även från USA, i början av 1960-talet. Den nya geostrategiska, politiska, militära och ekonomiska alliansen mellan de två länderna benämndes som en "speciell relation" grundad på "gemensamma värderingar".

### *Steg tre: Utvidga gränserna*

Resultatet av kriget 1967 kom att bli en vändpunkt i det israeliska bosättarkoloniala projektet. Inom sex dagar lyckades Israel ockupera Västbanken, Gazaremsan, Sinaihalvön och Golanhöjderna. Även om Israel med lätthet kunde erövra geografin, kunde man den här gången inte göra sig av med det demografiska elementet. Palestinierna hade lärt sig läxan från 1948 och en majoritet stannade kvar i sina hem. Detta utgjorde, och utgör fortfarande, en stor utmaning för det bosättarkoloniala projektets mål att kontrollera både geografin och demografin.

De religiösa associationerna i konflikten var många. Det namn som Israel valde för kriget, "Sexdagarskriget", hade bibliska anknytningar genom att kriget jämfördes med skapelsens sex dagar före vilodagen. Segern stämplades av många som att den lille "David" - staten Israel – besegrade monstret "Goliat" – arabvärlden. Dessutom blev erövringen av östra Jerusalem temat för den israeliska sången "Jerusalem, City of Gold", som var 1967 års hit och som förevigade bilden av en tvåtusenårig längtan efter staden. Sången skildrar myten om Israel som återvänder till ett kargt land, till uttorkade källor och till "tempelberget". Bilden av israeliska soldater som står vid Västra muren blev den ikoniska "religiösa" bilden av kriget. Drag av bosättarkolonialism är närvarande i dessa bilder. För den dåvarande israeliske försvarsministern Moshe Dayan var detta inget mindre än ett återskapande av Josuas erövring.

Segern stärkte den judiska religiösa nationalismen och utlöste en bosättarkolonial rörelse på Västbanken, som kallades det gamla "Judéen och Samarien", en benämning som inte så mycket var en geografisk beskrivning som en religiös beteckning på bosättarkoloniernas anspråk. En process av "judaisering" av de nyligen erövrade territorierna inleddes snart. Bosättare började bygga judiska bosättningar på varje kulle som gick att nå, särskilt de som hade en biblisk anknytning.

En ny ledarskapsmodell växte fram i Israel, "rabbi-politikern", som ersatte den mer sekulära politikern.[15] En attityd präglad av ett slags triumf spred sig till alla sektorer av det israeliska samhället. De judiska arkeologernas aptit efter 1967 var sådan att många av dem började propagera för idén om ett större Israel i linje med "Davids rike". I denna föreställningsvärld efter 1967, och i samstämmighet med den koloniala diskursen, betraktades den palestinska ursprungsbefolkningen som kananéer, vars land måste ockuperas av Israel. I linje med den bosättarkoloniala diskursen uppmanade judiska bosättargrupper till och med öppet till etnisk rensning av det palestinska folket, med hänvisning till bibelställen som propagerade för utrotning av kananéerna och andra infödda folkgrupper i det historiska Palestina.[16]

Denna övergång från sekulär till religiös judendom speglade Israels politiska övergång från en allians med främst Frankrike till ett beroende av USA. Därefter, 1977, skedde en förändring i den israeliska regeringen när det mer religiösa och högerinriktade Likudpartiet ersatte Arbetarpartiet, det sekulära sionististiska partiet.

Kriget 1967 utlöste också en post-Holocaust-teologi, en blandning av liberal kristen sionism som försökte "återuppliva liberalt protestantiskt stöd för den judiska staten".[17] De stödde det koloniala projektet genom att propagera för "judendomens territoriella dimension".[18] Denna form av kristen teologi gjorde landets ursprungsbefolkning, palestinierna, helt osynliga och teologiskt sett utraderade, som om landet vore obefolkat: *terra nullius*. När väl en enhet mellan Gud, människor och land har etablerats för nybyggarkolonierna, då kan ursprungsbefolkningen betraktas som främlingar som inte tillhör sitt nedärvda land.

Redan på ett tidigt stadium tog palestinska intellektuella upp frågan om staten Israels karaktär av kolonialt bosättarprojekt. Organisationer som Palestine Research Center och Institute for Palestine Studies arbetade aktivt med att undersöka och publicera frågor som belyste den israeliska statens rasistiska och koloniala attityd, inte bara mot den palestinska befolkningen utan även mot arabiska och svarta judar.

Fayez Sayegh, chef för Palestine Research Center, publicerade 1965 en broschyr med titeln *"Sionistisk kolonialism i Palestina"*, där han listade flera kännetecken för den "sionistiska bosättarstaten".[19] I ett tal inför FN:s generalförsamling 1975 hänvisade Sayegh till ett viktigt inslag i den israeliska kolonialstaten som han kallade att "pumpa in" judiska migranter medan de infödda palestinierna "pumpades ut".[20] Sayeghs ord, som fick stöd från såväl Sovjetunionen som afrikanska, arabiska och muslimska länder, ledde till att FN:s generalförsamling antog resolution 3379, där "sionismen fastställs som en form av rasism och rasdiskriminering".[21]

Den palestinske intellektuelle Edward Said, som levde i USA under 1967 års krig och när medborgarrättsrörelsen var som störst, upptäckte – liksom Sayegh – en form av rasism mot allt som var arabiskt eller muslimskt i amerikanska medier. Hans essä "The Arab Portrayed" från 1968 blev grunden till Saids banbrytande bok *"Orientalism"* från 1978. Ett år senare publicerade han "Sionismen ur dess offers synvinkel".[22] Rasismen mot araber och det blinda stödet för den israeliska ockupationen av Västbanken och Gazaremsan i amerikanska medier identifierades av Said som ett narrativ grundat på ett ömsesidigt beroende.

## Steg fyra: Förhandla fram en kompromiss

I december 1987 utbröt den första intifadan eller det palestinska upproret. Bilderna av israeliska stridsvagnar på ena sidan och palestinska barn på den andra visades på tv-apparater över hela världen och gjorde palestinierna och deras förtryck under en israelisk militär ockupation tydligt synliga. Det var svårt att ignorera den palestinska tragedin. Bara två år senare såg världen bilderna av Berlinmuren som föll som en symbol för ett Sovjetunionen som långsamt monterades ned. En av Sovjetunionens sista handlingar var att tillsammans med USA ställa sig bakom Madridkonferensen hösten 1991. I och med det kalla krigets slut blev USA den dominerande världsmakten och utövade ett enormt inflytande över Israel.

Under Bush-administrationen introducerade utrikesminister James Baker formeln "land för fred", enligt vilken Israel skulle ge upp de ockuperade områdena från 1967 i utbyte mot ett fredsavtal med palestinierna och de angränsande arabländerna. Med detta mål i åtanke villkorade Bushadministrationen de mjuka lån som gavs till Israel med att medlen inte fick användas för expansion av bosättningar. Enligt detta resonemang skulle fred kunna uppnås genom en politisk kompromiss som krävde ett slut på expansionen av det judiska koloniala bosättarprojektet. Madridkonferensen banade väg för hemliga förhandlingar mellan den palestinska befrielseorganisationen (PLO) och den israeliska regeringen. PLO:s ordförande Yassir Arafat och Israels utrikesminister Shimon Peres undertecknade Osloavtalet på Vita husets gräsmatta den 9 september 1993.

Som en del av avtalet erkände PLO staten Israel i utbyte mot att Israel erkände PLO som representant för det palestinska folket. För PLO, som var försvagat och isolerat till följd av Sovjetunionens kollaps och USA:s invasion av Irak, var avtalet en räddningsplanka som gjorde det möjligt för ledningen att etablera sig på Västbanken och i Gaza. Men precis som African National Congress i Sydafrika förhandlade med de Klerks regering för att få slut på apartheid och ge de svarta sydafrikanerna deras politiska rättigheter utan att avveckla strukturen i det koloniala bosättarprojektet, vilket innebar att majoriteten av de svarta sydafrikanerna fick fortsätta att leva i bantustans utan tillgång till ekonomisk makt, gav Osloavtalet PLO rätt till ett tillfälligt palestinskt självstyre i begränsade områden på Västbanken och i Gazaremsan, med hopp om en permanent lösning inom fem år, utan att förändra strukturen i det judiska koloniala bosättarprojektet. Att man sköt upp att hantera frågor som rörde Jerusalem, bosättningar, gränser, vatten och flyktingar, visade att Israel i själva verket varken ville eller klarade av att avsluta sitt koloniala bosättarprojekt.

För Amerikas ursprungsbefolkning i USA bröts fördragen och användes ofta för att köpa tid för att främja det koloniala projektet. Så var det även i Palestina, där staten Israel använde sig av förhandlingar för att föregripa resultatet och främja sitt bosättarkoloniala projekt på Västbanken, inklusive östra Jerusalem. År 1993 fanns det 110 000 judiska bosättare och antalet har nu vuxit till över 800 000. Östra Jerusalem har judaiserats, Västbankens resurser exploateras för bosättarsamhället och inga flyktingar har tillåtits återvända. Under hela detta skede har Israel fortsatt att agera som en de facto kolonial stat med bosättare, och den palestinska regeringen har inte varit något annat än en underleverantör till denna stat.

Osloavtalet utlöste en stor aktivitet av skrivande från palestinskt kristet håll, där fokus lades på rättvisa, fred och försoning. Andra reaktioner kom från postkoloniala bibelforskare, varav de flesta liksom palestinierna levde i marginalen. Robert Allen Warrior, som själv tillhörde ursprungsbefolkningen i Nordamerika, läste den bibliska berättelsen med kanaanéernas ögon.[23] Teologen Kwok Pui-Lan, född i Hongkong, brottades med den här frågeställningen: "Kan jag tro på en Gud som dödade kananéerna och som inte tycks ha lyssnat till palestiniernas rop på fyrtio år? "[24] År 1997 visade Michael Prior tydligt "hur den bibliska berättelsen har använts för att rättfärdiga erövringen av land i olika regioner och vid olika tidpunkter, med fokus på den spanska och portugisiska koloniseringen och bosättningen i

Latinamerika, den vita bosättningen i södra Afrika och den sionistiska erövringen och bosättningen i Palestina."[25]

Röster från judiska teologer började också höras, som kritiserade staten Israels politik. Marc Ellis var kanske den mest högljudda bland dem.[26] Fokus i de teologiska publikationerna under de första åren av denna era låg på den israeliska ockupationen som något tillfälligt snarare än en struktur av bosättarkolonialism. På senare år har dock flera forskare som Nur Masalha, Fernando Segovia, Mitri Raheb, Santiago Slabodsky och andra börjat skriva om landfrågan utifrån ett avkoloniserat, postkolonialt eller kulturkritiskt synsätt.[27] Steven Salaita har fört detta arbete vidare i sin banbrytande jämförande analys av litteratur från nordamerikansk ursprungsbefolkning och från palestinier, som visar hur koloniala samhällen använder bibliska berättelser som nationell historia för att rättfärdiga sina koloniala projekt.[28]

### *Steg fem: Det koloniala bosättarprojektet permanentas*

Under de senaste åren har vi sett ett visst mönster upprepa sig i israelisk politik. Detta mönster har uppstått i ett sammanhang av förändring som formats av valet av president Trump i USA, populismens och den kristna sionismens frammarsch i världen, omvalet av Netanyahu, försvagningen av arabländerna, uppdelningen av det palestinska territoriet med politiska gränsdragningar (Västbanken kontra Gaza) och framväxten av mer Israelvänliga Gulfländer.[29]

Det första viktiga steget i det här skedet togs av president Trump i december 2017, då han erkände Jerusalem som Israels huvudstad. Ett halvår senare öppnades den amerikanska ambassaden i huvudstaden.[30] I juli 2018 antog det israeliska Knesset den så kallade nationalstatslagen som definierade Israel som det judiska folkets nationalstat.[31] Nästa steg togs av president Trump i mars 2019, då han erkände Israels suveränitet över de ockuperade Golanhöjderna.[32]

I alla dessa steg har mönstret varit att legalisera det som inte är lagligt, och därmed omvandla en de facto-status till en status som förklaras som juridiskt giltig. Östra Jerusalem, Västbanken och Golanhöjderna är ockuperade områden enligt internationell rätt, även om de i praktiken står under israelisk kontroll.[33] Palestinierna i Israel, som utgör över 20 procent av befolkningen, har till exempel i realiteten varit andra klassens medborgare, och den nya nationalstatslagen gjorde dem till andra klassens medborgare i juridisk mening.

Även om dessa åtgärder motiverades av realpolitiska kalkyler av en president i behov av judiska röster och stöd från sin evangelikala väljarbas, är president Trump medveten om att bosättarkolonialismen är djupt förankrad i den amerikanska kulturen, särskilt genom doktrinen om Ödets manifest som utvecklades på 1830- och 1840-talen. När USA ser sig i spegeln ser man inte sig själv, utan snarare Israel. Och när man ser på Israel ser man sig själv: båda är bosättarnationer som ockuperat ursprungsbefolkningars land och drivit in dessa människor i små reservat. I sitt tal inför den israeliska riksdagen Knesset bekräftade vicepresident Pence bandet mellan de två:

> I judarnas berättelse har vi alltid sett Amerikas berättelse. Det är berättelsen om ett exodus, en resa från förföljelse till frihet, en berättelse som visar på trons kraft och hoppets löfte. Mitt lands allra första nybyggare såg sig också som pilgrimer, utsända av försynen för att bygga ett nytt förlovat land. Israels folks sånger och berättelser var deras hymner, och de lärde troget ut dem till sina barn, och gör det än i dag... Och genom generationerna har det amerikanska folket blivit starka företrädare för det judiska folkets strävan att återvända till sina förfäders land, att göra anspråk på sin egen nya födelse av frihet i sitt älskade hemland.[34]

I allt detta får den kristna sionistens och den judiska sionistens roll inte underskattas. Sionisternas inflytande var uppenbart vid öppnandet av den amerikanska ambassaden i Jerusalem. Det är ingen tillfällighet att de som närvarade vid öppnandet var antingen kristna sionister, som de två evangelikala pastorerna John Hagee och Robert Jeffress, israeliska högerpolitiker som Netanyahu och hans politiska allierade, eller judiska amerikaner som stöder den israeliska koloniseringen av Västbanken, som Trumps svärson Jared Kushner, den amerikanske ambassadören i Israel David Friedman, Trumps särskilda sändebud Jason Greenblatt och kasinomogulen Sheldon Adelson.

Två kristna sionistiska pastorer fick en aktiv roll i öppnandet av den amerikanska ambassaden i Jerusalem och höll två böner. Robert Jeffress, pastor i First Baptist Church i Dallas och tv-evangelist, inledde sin bön med orden:

> Himmelske Fader, vi kommer till dig, Abrahams, Isaks och Jakobs Gud, och tackar dig för att du har fört oss till detta betydelsefulla ögonblick i ditt folks liv och i vår världshistoria. För fyra tusen år sedan sade du till din tjänare Abraham att du skulle göra honom till fader till en stor nation, en nation genom vilken hela världen skulle bli välsignad, och nu när vi ser tillbaka ser vi hur Israel har varit denna välsignelse för hela världen.[35]

Det som är anmärkningsvärt med denna bön är dess selektivitet. Den belyser den genealogiska linjen från Abraham till Jakob, via Isak, till staten Israel i det tjugoförsta århundradet. För Jeffress är med andra ord judarna i dagens Israel patriarkernas direkta ättlingar. Enligt pastorns uppfattning är Abraham inte bara patriarken i den hebreiska Bibeln och anfadern till ett stort folk, utan denna nation är helt klart det moderna Israel. Vicepresident Pence var en av de främsta förespråkarna för ambassadflytten. Den tidigare vicepresidenten, som är döpt till katolik, betraktar sig själv som en pånyttfödd evangelisk kristen och tillhör en rörelse känd som kristen sionism.[36] Pence hänvisade till Bibeln, och särskilt till kung David, för att förklara flytten av den amerikanska ambassaden. I sitt tal inför det israeliska Knesset sade han:

> Det judiska folkets obrytbara band till denna heliga stad sträck-
> er sig mer än 3 000 år tillbaka i tiden. Det var här i Jerusalem,
> på Moriahberget, som Abraham offrade sin son Isak och belö-
> nades med rättfärdighet för sin tro på Gud. Det var här i Jerusa-
> lem som kung David invigde huvudstaden i kungariket Israel.
> Och sedan den moderna staten Israels upprättande är staden
> utsedd till platsen för statens regering. Jerusalem är Israels hu-
> vudstad.[37]

I denna del av sitt tal upprepar Pence den israeliska propagandan
om att Jerusalem invigdes till "Israels" huvudstad av kung David
för tretusen år sedan och därför bör vara staten Israels "eviga hu-
vudstad" i dag. Återigen visar Pences tal hur bibliska berättelser
används som en historia som är direkt kopplad till nutiden. Kung
David åberopades för att ge flytten av USA:s ambassad till Jerusa-
lem en biblisk grund, samtidigt som man var fullt medveten om att
flytten var ett brott mot internationell lag. För dessa kristna sionister
har Bibeln eller gudomliga rättigheter företräde framför mänskliga
rättigheter när Bibelns budskap, så som de uppfattar det, kolliderar
med internationell lag. Det är inte konstigt att John Hagee vid am-
bassadens öppnande kallade FN för ondskans axelmakter. I sin bön
fortsatte han:

> Ropa ut från taken att Israel lever; låt varje islamisk terrorist
> höra detta budskap, Israel lever; låt det höras i FN:s salar, Is-
> rael lever; låt det eka genom marmorsalarna i presidentpalatset
> i Iran, Israel lever; låt det bli känt för alla människor att Israel
> lever; ty den som bevarar Israel varken slumrar eller sover.[38]

Förenta nationerna med sina internationella lagar, fördrag och kon-
ventioner har nu blivit en del av ondskans axelmakter. Detta passar
väl in i den kristna sionismens retorik och dess inställning till in-
ternationella organ. För Hagee och den kristna sionismen står Gud

klart och tydligt på Israels sida (och dess bosättarkoloniala inflytande, USA) och mot internationell lag.

Konferensen *Peace for Prosperity*, som Trump-administrationen anordnade i Bahrain den 26 juni 2019, fortsätter att driva den tydliga kopplingen mellan amerikansk sionistisk bibeltolkning och israelisk bosättarkolonial verksamhet.[39] Det namn som valts för konferensen antyder att palestiniernas välstånd är USA:s avsikt om palestinierna bara skulle följa Trumpadministrationens linje, vilket anspelar på den så kallade framgångsteologin. Precis som framgångsteologin användes för att exploatera de fattiga, försökte man på denna konferens exploatera palestiniernas rättigheter och resurser. Medan Jared Kushner presenterade sin femtiomiljarders plan "till stöd för palestinierna", skar hans kollega Jason Greenblatt ned allt ekonomiskt stöd till UNRWA (United Nations Relief and Works Agency) för palestinska flyktingar.[40] Medan Kushner talade om att förändra sjukvårdssystemet på Västbanken och i Gaza, skar Greenblatt ned allt amerikanskt stöd till palestinska sjukhus i Jerusalem.

Planen var bedräglig och talade om femtio miljarder dollar i stöd till Palestina medan hälften av beloppet i själva verket kommer att gå till grannländerna: Egypten, Jordanien, Libanon och, inte minst, Israel. Eftersom fonderna skulle förvaltas av internationella företag skulle ytterligare 20 procent dras av som förvaltningsavgifter. Sammantaget skulle mindre än 20 miljarder dollar investeras under 10 år, en summa som är lägre än den faktiska kostnaden för den israeliska ockupationen, som beräknas till 6,9 miljarder dollar per år.[41] Syftet med pengarna till grannländerna är att de ska kunna uppgradera sina hamnar och flygplatser, medan palestinierna inte ens får ett löfte om en egen hamn eller flygplats. I planen utlovas att dricksvattenförsörjningen till palestinierna ska fördubblas, samtidigt som Israel konfiskerar 82 procent av vattenresurserna på Västbanken. I verkligheten skulle minst två tredjedelar av vattenakvifärerna på Västbanken förbli under israelisk kontroll.[42] Planen utlovade bygget av ett nytt kraftverk i Gaza så att befolkningen i Gaza inom tio år skulle ha elektricitet 16 timmar om dagen. Men vem kan garantera att Israel inte kommer att förstöra detta kraftverk på samma sätt som de förstörde det 2014?[43] Det kraftverket bekostades av privata amerikanska och palestinska investerare och hade försett Gaza med elektricitet tjugofyra timmar om dygnet, varje dag.

Kushners plan utlovar att få i gång investeringar i den palestinska turistnäringen. Men den viktigaste knutpunkten för den palestinska turistnäringen är östra Jerusalem. Om Jerusalem inte finns med på bordet återstår bara smulorna. Om de judiska bosättarna dessutom fortsätter att ockupera viktiga arkeologiska platser som Qumran, Herodium och Döda havet, återstår ännu mindre för palestinierna. Planen lovar att "uppgradera gränsövergångar" (en eufemism för kontrollstationer), att "minska handelshinder" och att "minska komplikationerna i samband med transporter och resor". Barriärer och kontrollstationer skulle inte tas bort, bara uppgraderas. Palestinierna skulle fortfarande leva under israeliska soldaters tumme som kontrollerar deras rörelser. Löftet om att bygga "särskilda tillfartsvägar vid viktiga gränsövergångar" skulle ytterligare befästa Västbankens tvåvägssystem, ett för judiska israeliska kolonisatörer och ett annat för de infödda palestinierna, och befästa det redan existerande apartheidsystemet.[44]

Kartan som bifogas planen visar att Israel skulle annektera den bördigaste palestinska marken, inklusive Jordandalen och de västra sluttningarna av Jerusalem-Hebronbergen, som utgör Västbankens matkorg. Kartan visar att palestinska städer skulle bli permanenta enklaver eller bantustans utan territoriell förbindelse, endast sammankopplade via underjordiska tunnlar eller broar.[45] Medan planen utlovar välstånd gör den precis tvärtom: exploaterar.

I en annan association till Bibeln påminner planen mig om berättelsen om Jesus frestelse. I berättelsen i Matteusevangeliet tog djävulen Jesus "till ett mycket högt berg och visade honom alla världens riken och deras prakt. 'Allt detta ska jag ge dig', sade han, 'om du böjer dig ner och tillber mig' " (Matt 4:8–9). Planen utlovar välstånd för palestinierna samtidigt som man förvägrar dem rättvisa, koloniserar deras land, exploaterar deras naturresurser och berövar dem värdighet och frihet.

Den 15 september 2020 undertecknade Trump de så kallade Abraham-avtalen med Förenade Arabemiratens och Bahrains utrikesministrar samt Israels premiärminister. Även här används ett bibliskt språkbruk. Avtalen inleds med ett erkännande av

> att de arabiska och judiska folken är ättlingar till en gemensam förfader, Abraham, och inspirerade i den andan att i Mellanöstern främja en verklighet där muslimer, judar, kristna och folk av alla trosriktningar, samfund, övertygelser och nationaliteter lever i, och är engagerade i, en anda av samexistens, ömsesidig förståelse och ömsesidig respekt.[46]

Samma metafor använde vicepresident Pence i sitt tal till Knesset den 22 januari 2018:

> Förändringens vindar kan redan skönjas i hela Mellanöstern. Långvariga fiender blir partners. Gamla fiender finner nya grunder för samarbete. Och ättlingarna till Isak och Ismael samlas för en gemensam sak som aldrig förr. Förra året i Saudiarabien talade president Trump inför en aldrig tidigare skådad samling ledare från mer än femtio länder vid det arabisk-islamiska amerikanska toppmötet. Han utmanade människorna i denna region att arbeta ännu närmare varandra, att se och bekräfta de gemensamma möjligheter som finns, och att ta itu med gemensamma utmaningar.[47]

Pence upprepade i sitt tal en vanlig uppfattning om att araber och muslimer är ättlingar till Ismael. Ismael är Abrahams son, men han är ändå son till en slav utan rätt att ta del av löftet. Enligt detta bibliska språkbruk är Ismael fortfarande underlägsen Isak. Isaks överlägsenhet över Ismael tas för given och har använts upprepade gånger av vita rasister för att underkuva svarta människor, afroamerikaner, ursprungsbefolkningar, araber, muslimer och palestinier.

En analys av Abraham-avtalen visar tydligt att målet inte hade mycket att göra med att säkra fred mellan parterna i avtalet. Israel har aldrig ens varit i krig med Bahrain, Förenade Arabemiraten eller Marocko. De inofficiella relationerna mellan Israel och Bahrain, Förenade Arabemiraten och Marocko går tillbaka till början av 1970-talet.

Abraham-avtalen hade en annan funktion: att utnyttja Israel som mellanhand till Trump-administrationen för att arabiska monarker skulle kunna få det de ville ha från USA men inte kunde få direkt. För Israel innebar avtalet med Förenade Arabemiraten att snaran kring Iran drogs åt, så att man närmade sig landets gränser och därmed blev ett hot mot landet. Samtidigt syftade avtalen till att isolera och förbigå det palestinska folket genom att normalisera Israels relationer med vissa arabländer. Trumps och Netanyahus "uppgörelse" inom ramen för avtalet var att tillmötesgå önskningar från varje arabstat som var redo att underteckna ett fredsavtal med Israel.

Abrahamavtalet hyllades allmänt som ett genombrott och en början på ett nytt kapitel i relationerna mellan Israel och fyra arabiska länder. Abrahamavtalet måste dock ses i ett större geopolitiskt sammanhang i Mellanöstern. Genom avtalen kunde Israel närma sig tre viktiga vattenvägar i regionen: Hormuzsundet, Gibraltarsundet och Tiransundet. Eftersom Trump planerade att ta hem amerikanska trupper från Mellanöstern utsågs Israel att fortsätta vara ett "ombud" för USA:s politik i området, så att oljetransportvägarna var säkrade.

Trumppolicyn kulminerade i det så kallade "århundradets avtal", som innebar en annektering av resten av palestiniernas mark och naturtillgångar på Västbanken. Annekteringsplanen syftade till att ändra Västbankens status från ockuperat territorium till att stå under full israelisk överhöghet. Med stöd av president Trump och hans team av judiska amerikanska bosättaranhängare (särskilt Friedman, USA:s ambassadör i Israel, och Greenblatt, Trumps särskilda medarbetare) ansåg Israel att det var dags att uppfylla en gammal dröm om Stor-Israel och därmed besegla det koloniala bosättarprojektet.

Av flera skäl beslöt Israel att inte gå vidare med sin annekteringsplan av Västbanken på laglig väg, utan att i stället fortsätta i tysthet med en faktisk annektering. Detta beslut har i praktiken skapat ett apartheidsystem på båda sidor av den gröna linjen. Även om Biden-administrationen fortsatte att uttrycka motstånd mot det israeliska bosättningsprojektet har Israel tillåtits av sin kolonialistiska allierade, USA, att fortsätta med bosättningarna med politisk straffrihet.

# KÄLLHÄNVISNINGAR
## Kapitel 1: Bosättarkolonialism, Palestina och Bibeln

1. Patrick Wolfe: *Settler Colonialism and the Transformation of Anthropology: The Politics and Poetics of an Ethnographic Event.* Continuum, London 1999, s 2.

2. L Veracini: *Settler Colonialism: A Theoretical Overview* (Palgrave Macmillan, Houndmills, Basingstoke, Storbritannien 2010).

3. F Bateman och L Pilkington, red: *Studies in Settler Colonialism: Politics, Identity and Culture* (Palgrave Macmillan, Houndmills, Basingstoke, Storbritannien 2011); Caroline Elkins och Susan Pedersen, red: *Settler Colonialism in the Twentieth Century: Projects, Practices, Legacies* (Routledge, New York 2005); Stuart Banner: *Possessing the Pacific: Land, Settlers and Indigineous People from Australia to Alaska* (Harvard University Press, Cambridge, MA 2007); Tracey Banivanua Mar och P Edmonds, red: *Making Settler Colonial Spade: Perspectives on Race, Place and Identity* (Palgrave Macmillan, Houndmills, Basingstoke, Storbritannien 2010).

4. Lorenzo Veracini: *Israel and Settler Society* (Pluto Press, London 2006); Lorenzo Veracini: "The Other Shift: Settler Colonialism, Israel, and the Occupation," *Journal of Palestine Studies* 42, nr 2 (2013): 26–42, https://doi.org/10.1525/jps.2013.42.2.26; Lorenzo Veracini: "What Can Settler Colonial Studies Offer to an Interpretation of the Conflict in Israel-Palestine?" *Settler Colonial Studies 5,* nr 3 (2005): 268–271, https://doi.org/10.10080/2201 473X.2015.1036391; Magid Shihade: "Settler Colonialism and Conflict: The Israeli State and Its Palestinian Subjects, *"Settler Colonial Studies 2,* Nr 1 (2012), 123; Steven Salaita: *Holy Land in Transit: Colonialism and the Quest for Canaan* (Syracuse University Press, Syracuse NY 2006); Steven Salaita: *Inter/Nationalism: Decolonizing Native America and Palestine,* 3rd ed. (University of Minnesota Press, Minneapolis 2016); Shira N Robinson: *Citizen Strangers: Palestinians and the Birth of Israel's Liberal Settler State,* (Stanford University Press, Stanford, CA 2013); Elia Zureik: *Israel's Colonial Project in Palestine: Brutal Pursuit* (Routledge, London 2015); Nadim N Rouhana och Areej Sabbagh-Khoury: "Settler-Colonial Citizenship: Conceptualizing the Relationship between Israel and Its Palestinian Citizens", *Settler Colonial Studies 5,* nr 3 (2015): 205–225; Nahla Abdo och Nira Yuval-Davis: "Palestine, Israel and the Zionist Settler Project" i *Unsettling Settler Societies: Articulations of Gender, Race, Ethnicity and Class,* red Daiva K Stasiulis och Nira Yuval-Davis (SAGE Publications, London 1995), 291–321; Rashid Khalidi: *The Hundred*

*Years' War on Palestine: A History of Settler Colonialism and Resistance, 1917–2017* (Metropolitan Books, New York 2020).

5. Areej Sabbagh-Khoury: "Tracing Settler Colonialism: A Geneaology of a Paradigm in the Sociology of Knowledge Production in Israel," *Politics & Society* 50, nr 1 (2022): 44–83.

6. Pekka Pitkänen, "Pentateuch–Joshua: A Settler-Colonial Document of a Supplanting Society," *Settler Colonial Studies* 4, no. 3 (2014): 245–76, https://doi.or g/10.1080/2201473X.2013.842626; see also Pekka Pitkänen, "Settler Colonial- ism in Ancient Israel," https://www.academia.edu/31712835/Settler_Colonialism_in_Ancient_Israel; Pekka Pitkänen, "Reading Genesis–Joshua as a Unified Document from an Early Date: A Settler Colonial Perspective," *Biblical Theology Bulletin*, February 3, 2015, https://doi.org/10.1177/0146107914564822; Pekka Pitkänen, "Ancient Israel and Settler Colonialism," *Settler Colonial Studies* 4, no 1 (2014): 64–81, https://doi.org/10.1080/2201473X.2013.812944.

7. George E Tinker, *Missionary Conquest: The Gospel and Native American Cultural Genocide*, (Minneapolis: Fortress Press, 1993), 120.

8. Theodor Herzl, *The Jewish State: An Attempt at a Modern Solution of the Jewish Question*, ed. Jacob de Haas, trans. Sylvie d'Avigdor (Dumfries and Galloway: Anodos Books, 2018).

9. Theodor Herzl, *The Complete Diaries of Theodor Herzl*, ed. Raphael Patai, trans. Harry Zohn (Herzl Press, 1960), 88–89.

10. Rashid Khalidi, *British Policy towards Syria & Palestine, 1906–1914: A Study of the Antecedents of the Hussein-The* (London: Published for the Middle East Centre, St. Antony's College, Oxford, by Ithaca Press, 1980).

11. Emanuel Beška, "Anti-Zionist Journalistic Works of Najīb Al-Khūrī Nassār in the Newspaper Al-Karmal in 1914," *Asian and African Studies* 20 (2011): 167–92; Emanuel Beška, "Political Opposition to Zionism in Palestine and Greater Syria: 1910–1911 as a Turning Point," *Jerusalem Quarterly* 59 (2014): 54–67; Emanuel Beška, "The Anti-Zionist Attitudes and Activities of Ruhi al-Khalidi," in *Arabic and Islamic Studies in Honour of Ján Pauliny*. ed. Zuzana, Gažáková and Jaroslav Drobný (Bratislava: Comenius University in Bratislava, 2016), 181–203; Tawfīq Kanʿān, *Tawfiq Canaan: An Autobiography*, ed. Mitri Raheb (Bethlehem: Diyar, 2020).

12. Noura Erakat, "Whiteness as Property in Israel: Revival, Rehabilitation, and Removal," *Harvard Journal of Ethnic and Racial Justice* 31 (2015), 78–83.

13. Arthur Allen Cohen, *The Myth of the Judeo-Christian Tradition, and Other Dissenting Essays* (New York: Schocken Books, 1971).

14. K Healan Gaston, *Imagining Judeo-Christian America: Religion, Secularism,*

*and the Redefinition of Democracy* quoted in James Loeffler, "The Problem With the 'Judeo-Christian Tradition' ", *The Atlantic*, August 1, 2020.

15. Avi Sagi and Dov Schwartz, *Religious Zionism and the Six Day War: From Realism to Messianism* (London: Routledge, 2018).

16. Ilan Pappe, *The Ethnic Cleansing of Palestine*, 2nd ed. (London: Oneworld Publications, 2007)

17. Stephen R Haynes, "Christian Holocaust Theology: A Critical Reassessment," *Journal of the American Academy of Religion* 62, no. 2 (1994): 562.

18. W D Davies, *The Territorial Dimension of Judaism* (Berkeley: University of California Press, 1982).

19. Fayez Abdullah Sayegh, *Zionist Colonialism in Palestine* (Beirut: Research Center, Palestine Liberation Organization, 1965).

20. Fayez A Sayegh, *Zionism: A Form of Racism and Racial Discrimination: Four Statements Made at the U.N. General Assembly* (New York: Office of the Permanent Observer of the Palestine Liberation Organization to the United Nations, 1976), 8.

21. A/RES/3379 (XXX), November 10, 1975, https://web.archive.org/web/20121206052903/http://unispal.un.org/UNISPAL.NSF/0/761C1063530766A7052566A2005B74D1.

22. Edward W Said, "Zionism from the Standpoint of Its Victims," *Social Text* 1 (1979): 7–58.

23. Robert Allen Warrior, "A North American Perspective: Canaanites, Cowboys, and Indians," in *Voices from the Margin: Interpreting the Bible in the Third World*, 25th anniversary ed., ed R S Sugirtharajah (Maryknoll, New York: Orbis Books, 2016), 235–241.

24. Puilan Kwok, *Discovering the Bible in the Non-Biblical World* (Eugene, OR: Wipf and Stock, 2003), 99.

25. Michael Prior, *The Bible and Colonialism: A Moral Critique* (Sheffield, UK: Continuum International, 1997), 11.

26. Marc H Ellis, *Israel and Palestine—Out of the Ashes: The Search for Jewish Identity in the Twenty-First Century* (London: Pluto Press, 2002); Marc H Ellis, *Toward a Jewish Theology of Liberation: Foreword by Desmond Tutu and Gustavo Gutierrez*, 3rd ed (Waco, TX: Baylor University Press, 2011).

27. Nur Masalha, *Expulsion of the Palestinians: The Concept of "Transfer" in Zionist Political Thought, 1882–1948* (Washington, DC: Institute for Palestine Studies, 1992); Nur Masalha, *Imperial Israel and the Palestinians: The Politics of Expansion* (Sterling, VA: Pluto Press, 2000); Nur Masalha,

*The Politics of Denial: Israel and the Palestinian Refugee Problem* (London: Pluto Press, 2003); Nur Masalha, *The Bible and Zionism: Invented Traditions, Archaeology and Post- Colonialism in Palestine- Israel* (London: Zed Books, 2007); Nur Masalha, *The Palestine Nakba: Decolonising History, Narrating the Subaltern, Reclaiming Memory* (New York: Zed Books, 2012); Nur Masalha, *The Zionist Bible: Biblical Precedent, Colonialism and the Erasure of Memory* (London: Routledge, 2014); Fernando F Segovia, "Engaging the Palestinian Theological-Critical Project of Liberation: A Critical Dialogue," in *The Biblical Text in the Context of Occupation: Towards a New Hermeneutics of Liberation*, ed. Mitri Raheb (Bethlehem: CreateSpace Independent Publishing Platform, 2012), 29–80; Mitri Raheb, *Faith in the Face of Empire: The Bible through Palestinian Eyes* (Maryknoll, NY: Orbis Books, 2014); S Slabodsky, *Decolonial Judaism: Triumphal Failures of Barbaric Thinking* (New York: Palgrave Macmillan, 2014).

28. Salaita, *Holy Land in Transit*; Salaita, *Inter/Nationalism*.

29. Mitri Raheb, "Jerusalem in the Age of Trump," in *Jerusalem: Religious, National and International Dimensions*, ed Mitri Raheb (Bethlehem: Diyar, 2019), 23–34.

30. Statement by President Trump on Jerusalem, WhiteHouse.gov, https:// trumpwhitehouse.archives.gov/briefings-statements/president-donald-j-trumps-proclamation.jerualem-capital-state-israel/, December 6, 2017.

31. Raoul Wootliff, "Final Text of Jewish Nation-State Law, Approved by the Knesset Early on July 19," *Times of Israel*, July 18, 2018, https://www.timesofisrael.     com/final-text-of-jewish-nation-state-bill-set-to-become-law/.

32. Proclamation on Recognizing the Golan Heights as Part of the State of Israel, WhiteHouse.gov, https:// trumpwhitehouse.archives.gov /presidential-actions/ proclamation-recognizing-golan-heights-part-state-israel/, March 25, 2019.

33. B'Tselem, "The Occupied Territories and International Law," November 11, 2017, https://www.btselem.org/international_law.

34. "Full Transcript of Pence's Knesset Speech—The Jerusalem Post," January 23, 2018, https://www.jpost.com/Israel-News/Full-transcript-of-Pences-Knesset-speech-539476.

35. "Dr Robert Jeffress: Opening Prayer at the U.S. Embassy Dedication in Jerusalem," May 14, 2018, https://www.youtube.com/watch?v=jSGSSisCT7E.

36. Goran Gunner and Robert O Smith, eds, *Comprehending Christian Zionism: Perspectives in Comparison* (Minneapolis: Fortress Press, 2014); M. Raheb, "Palestinian Christian Reflections on Christian Zionism," in *Comprehending*

*Christian Zionism: Perspectives in Comparison*, ed Goran Gunner and Robert Smith (Minneapolis: Fortress Press, 2014); Stephen Sizer, *Zions's Christian Soldiers? The Bible, Israel and the Church*, (Nottingham, UK: Inter-varsity Press, 2007); Donald E Wagner, *Anxious for Armageddon: A Call to Partnership for Middle Eastern and Western Christians*, (Scottdale, AZ: Herald Press, 1995).

37. "Full Transcript of Pence's Knesset Speech – The Jerusalem Post," January 23, 2018, https://www.jpost.com/Israel-News/Full-transcript-of-Pences-Knesset- speech-539476.

38. *Pastor John Hagee Historic Prayer at Opening of US Embassy in Jerusalem, Israel*, 2018, https://www.youtube.com/watch?v=ll6n4ELuoMQ.

39. "Peace to Prosperity," https://trumpwhitehouse.archives.gov/ peacetoprosperity/ economic/empowering-palestinian-people/, accessed April 24, 2023.

40. US Ends Aid to Palestinian Refugee Agency UNRWA," *BBC News*, September 1, 2018, sec. US & Canada, https://www.bbc.com/news/world-us-canada-45377336.

41. "The Real Cost of Israel's Occupation of the Palestinians," *Haaretz.com*, November 16, 2011, https://www.haaretz.com/1.5210115.

42. "The Occupation of Water," November 29, 2017, https://www.amnesty.org/ en/ latest/campaigns/2017/11/the-occupation-of-water/.

43. Harriet Sherwood, "Gaza's Only Power Plant Destroyed in Israel's Most Intense Air Strike Yet," *The Guardian*, July 30, 2014, sec. World News, https:// www.theguardian.com/world/2014/jul/29/gaza-power-plant-destroyed-israeli-airstrike-100-palestinians-dead.

44. See B'Tselem, "Apartheid," https://www.btselem.org/topic/apartheid.

45. State of Palestine, Palestine Liberation Organization, Negotiations Affairs Department, "Looming Annexation: Israel's Denial of Palestine's Right to Exist," June 30, 2020, https://www.nad.ps/sites/default/files/06302020.pdf.

46. "Abraham Accord Peace Agreement: Treaty of Peace, Diplomatic Relations and Full Normalization between the United Arab Emirates and the State of Israel," September 15, 2020, https://www.state.gov/wp-content/ uploads/2020/09/ UAE_Israel-treaty-signed-FINAL-15-Sept-2020-508.pdf.

47. "Full Transcript of Pence's Knesset Speech—The Jerusalem Post," January 23, 2018, https://www.jpost.com/Israel-News/Full-transcript-of-Pences-Knesset- speech-539476.

# 2
## Kristen sionism

### *Den kristna lobbyn som stödjer bosättarkoloniseringen i Palestina*

I slutet av 1980-talet blev jag inbjuden att föreläsa för en grupp tyska teologistudenter som studerade vid Hebrew University i Jerusalem. Programmet, *Studium in Israel*, syftar till att få protestantiska teologistudenter att komma till Israel under ett år för att studera judendomen – detta som ett steg i att skapa nästa generation av pastorer och teologer som är engagerade i judisk-kristen dialog. En välkänd tysk professor i systematisk teologi vid namn Friedrich-Wilhelm Marquardt var närvarande vid föreläsningen. Efter min presentation inbjöd vi studenterna till en dialog med fokus på kristen teologi i den palestinska kontexten. Professor Marquardt tog då till orda och förklarade inför alla studenterna: "Herr Raheb, ni står i vägen för Gud." Han fortsatte: "Om jag vore du skulle jag packa min väska och emigrera och lämna det här landet till dess rättmätiga ägare, judarna."

Jag blev chockad och mållös. Jag var fortfarande en mycket ung pastor, inte ens trettio, och jag undrade hur den här tyska professorn vågade ifrågasätta min tillhörighet till mina förfäders land? Hur förmätet var det inte att be mig lämna mitt hemland och ge plats åt judiska bosättare? Vad är detta för slags teologi?

Marquardt var inte en evangelikal eller fundamentalistisk kristen som var fixerad vid profetior eller eskatologi, som de jag nämnde i förra kapitlet. Han var en sofistikerad tysk teolog som hade växt upp med den historiekritiska metodiken. Marquardt var inte på något sätt en högerkristen. Tvärtom var han snarare en kristen socialist, men kunde ändå samtidigt beskrivas som en kristen sionist. Faktum är att många av de tyska studenter som tar examen från detta program i Jerusalem till slut blir vad vi skulle kunna kalla kristna sionister. Marquardt och hans studenter passar inte in i den traditionella beskrivningen av den kristna sionismen. Det mesta som skrivits om kristen sionism fokuserar nästan uteslutande på kristna bokstavstroende som är fixerade vid gammaltestamentliga profetior och eskatologiska scenarier.

Att det här kommit att bli en traditionell beskrivning kan bero på att många texter om kristen sionism är skrivna av evangelikala teologer som försökt visa att kristen sionistisk tolkning inte är förenlig med sund biblisk undervisning – som om det ens fanns en gemensamt överenskommen standardtolkning. Dessa texter står för en form av intra-evangelikal dialog om biblisk hermeneutik som ägnar föga uppmärksamhet åt fenomenet kristen sionism.

När forskare inom huvudfåran skriver om den kristna sionismen avfärdar de dessutom vanligtvis dess anhängare som fundamentalister, bokstavstroende och fanatiker. De undersöker inte fenomenet i sin helhet. Att reducera anhängare av den kristna sionismen till fanatiker eller bokstavstroende gör inte rättvisa åt fenomenet kristen sionism. Detta snäva fokus ignorerar en annan viktig grupp: de liberala, lärda och subtila kristna sionisterna, Marquardts och hans studenters kristna sionism, som är precis lika farlig som de kristna dispensationalisternas. Ännu viktigare är att detta snäva fokus hindrar oss att förstå vidden av detta farliga fenomen.

## Kristen sionism: En ny definition

Fenomenet kristen sionism finns i många former och uttryck. Den är djupt rotad i evangelikala kretsar, och den finns i såväl traditionella kyrkor som i liberalteologin. Från sina rötter i Europa spred den sig till Nordamerika och är i dag utbredd i det globala syd. Av det skälet finns det i dag ett stort behov av en ny syn på och definition av kristen sionism som omfattar alla dess olika uttryck. Därför hävdar jag att kristen sionism bör definieras som en kristen lobbyism som stöder den judiska bosättarkolonialismen på palestinsk mark genom att använda bibliska/teologiska konstruktioner inom ett metanarrativ och samtidigt ta hänsyn till globala överväganden.

Denna definition är mindre fokuserad på de kristna sionisternas bibliska diskurs, som kan variera avsevärt från bokstavstroende till teologer inom fältet "post-holocaust", från mycket konservativa till liberala. Faktum är att det bibliska/teologiska resonemang som förs av majoriteten av de kristna sionisterna är vagt och bygger på ett fåtal olika verser ur Bibeln. Tyngdpunkten i mitt förslag till definition ligger på lobbyingaspekten hos den kristna sionismen: inte på vad människor *tror* utan på vad de *gör* utifrån denna tro. Det är naivt att tro att ett fåtal bibelställen kan driva och ge kraft åt den kristna sionismen.

Den kristna sionismens narrativ är alltid inbäddad i ett metanarrativ, så att de som ansluter sig till den inte ser sig själva som engagerade i ren politisk lobbying, utan snarare som utvalda redskap för en storslagen plan utifrån vilken de läser och tolkar både Bibeln och historien. Vid sidan av metanarrativet är kristna sionister alltid kopplade till "glokala" frågor och överväganden, och de kombinerar sina idéer med kamp och fruktan som rör specifika sammanhang. Det är denna kombination som gör den kristna sionismen så farlig. Samtidigt som de lobbar för "Israel" lobbar de i själva verket för andra frågor som är viktiga i deras specifika sammanhang.

Slutligen: det kristna sionistiska stödet för den judiske kolonisatören har mindre att göra med "huvudkunskap" än med "hjärtkunskap".[1] Därför kan det inte bemötas med bibliska eller teologiska motargument utifrån ett rationellt tänkande. Metanarrativet förändras beroende på tid och plats, och globala överväganden varierar beroende på sammanhanget. Gemensamt för kristna sionister är att de har en känslomässig bindning till det sionistiska bosättarkoloniala projektet i Palestina. Därför är den hermeneutiska nyckeln till att förstå den kristna sionismen inte i första hand de bibliska eller teologiska tolkningarna, utan snarare den lobbyverksamhet som stöder den bosättarkoloniala rörelsen.

I det här kapitlet kommer jag att tillämpa denna nya definition av kristen sionism på tre olika manifestationer av kristen sionism i tre olika sammanhang som har haft stor betydelse för situationen i Palestina.

## Den kristna sionismen och det brittiska imperiet

Den anglosaxiska världen var starkt fixerad vid judar och judendom från reformationen och framåt. Tolkningen av gammaltestamentliga/ judiska profetior växte fram under flera århundraden och kom att få en viktig plats i den brittiska intellektuella diskursen.[2] Men det som från början var en teologisk konstruktion började dock bli *realpolitik* under det brittiska imperiets tid, tack vare tre framträdande kristna sionister inom det brittiska etablissemanget: Shaftesbury, Churchill och Balfour.

Anthony Ashley Cooper, känd som den sjunde earlen av Shaftesbury, var en framträdande person inom den evangeliska anglikanska kyrkligheten och ledamot av det brittiska underhuset.[3] Shaftesbury följde utvecklingen i Palestina på 1830-talet mycket noga. Efter Ibrahim Paschas ockupation av Palestina 1831 blev Shaftesbury aktiv i arbetet med att etablera en brittisk närvaro där. Han bidrog till öppnandet av det brittiska konsulatet i Jerusalem 1838 och till inrättandet av biskopsdömet för den anglikanska kyrkan i England och Irland 1841. I januari 1839, bara några veckor efter att konsulatet hade öppnats, publicerade Shaftesbury en artikel i *Quarterly Review*, där han uppmanade brittiska judar att bosätta sig i Palestina.

Palestinas jordmån och klimat är synnerligen lämpade för odling av produkter som passar Storbritanniens behov; den finaste bomull kan erhållas i nästan obegränsat överflöd; siden och krapp är landets stapelvaror, och olivolja är nu, liksom den alltid varit, landets finaste och mest värdefulla fett. Kapital och skicklighet är det enda som krävs: närvaron av en brittisk officer, och den ökade säkerhet för egendom som hans närvaro kommer att ge, kan inbjuda dem från våra öar till att odla upp Palestina; och judarna, som inte kommer att ägna sig åt jordbruk i något annat land, efter att i den engelska konsuln ha funnit en medlare mellan sitt folk och paschan, kommer förmodligen att återvända i ännu större antal, och återigen bli jordbrukare i Judéen och Galileen.[4]

Den andra personen som bidrog till att stödja det nybyggarkoloniala projektet i Palestina var Charles Henry Churchill, den brittiske konsuln i det ottomanska Syrien. Mindre än fyra månader efter att Ibrahim Pashas trupper hade besegrats i Palestina (den 14 juni 1841) skrev Churchill ett brev till Sir Moses Montefiore, ordförande för de brittiska judarnas deputeradekollegium, där han föreslog en strategi för judisk bosättning i Palestina. I detta brev läser vi:

Jag kan inte dölja för er min mest angelägna önskan att se era landsmän än en gång försöka återuppta sin existens som ett folk ... Om de resurser som ni alla besitter, uthålligt skulle riktas mot återuppbyggnaden av Syrien och Palestina, torde det inte råda något tvivel om att dessa länder, under den Högstes välsignelse, rikligt skulle återgälda företaget, och att ni till slut skulle erhålla överhögheten över åtminstone Palestina. Syrien och Palestina måste, kort sagt, ställas under europeiskt beskydd och styras i den mening och anda som kännetecknar europeisk administration.[5]

Churchill var osäker på hur hans avsikter skulle tolkas och ville gärna klargöra sina motiv för en brittisk-judisk bankir och filantrop som Montefiore. Han fortsatte:

> Om ni tror något annat, ska jag genast böja mig för ert beslut och bara be er att förstå mitt motiv, som helt enkelt är en brinnande önskan om välfärd och välstånd för ett folk som vi alla har att tacka för att vi besitter de välsignade sanningar som med osviklig tro leder våra sinnen till en annan och bättre värld.[6]

Det brittiska koloniala projektet i Palestina drevs framåt vid alla tillfällen där det fanns en politisk möjlighet. I samband med Krimkriget (1853–1856) uttryckte Shaftesbury i sin dagbok sin idé om ett brittiskt kolonialt projekt i Palestina mer rakt på sak:

> Det turkiska imperiet är i snabbt förfall; varje nation är otålig; alla hjärtan förväntar sig att något stort ska hända ... Ingen kan säga att vi föregriper profetian; kraven i den [profetian] verkar nästan uppfyllda; ”Syrien är bortkastat utan invånare”; dessa vidsträckta och bördiga regioner kommer snart att vara utan härskare, utan en känd och erkänd makt som kan göra anspråk på herravälde. Territoriet måste tilldelas någon eller några; kan det ges till någon europeisk potentat? Till någon amerikansk koloni? Till någon asiatisk självständig stat eller stam? Kan aspiranter från Afrika få lov att göra anspråk på jorden från Hamath till Egyptens flod? Nej, nej, nej, nej! Det finns ett land utan en nation; en nation utan ett land. Hans eget en gång älskade, nej, fortfarande älskade folk, Abrahams, Isaks och Jakobs söner.[7]

De frön som Shaftesbury och Churchill hade planterat bar frukt. År 1860 sponsrade Sir Moses Montefiore etableringen av den första judiska kolonin i Palestina, strax utanför Gamla stan i Jerusalem. Det var dock resultatet av första världskriget som gav Storbritannien sista ordet om Palestinas öde. Den 2 november 1917 skrev den brittiske utrikesministern Lord Arthur James Balfour, First Earl of Balfour, till sin kollega i parlamentet och den framstående brittisk-judiske bankiren Baron Walter Rothschild (1868–1937), och meddelade att hans regering stödde upprättandet av "ett nationellt hem för det judiska folket" i Palestina.

För att underlätta den permanenta bosättningen av europeiska judar i Palestina lobbade Storbritannien för Palestinamandatet, som beviljades den 25 april 1920 av Nationernas Förbund. Medan alla andra mandat syftade till att "förbereda de infödda för självständighet", syftade det brittiska mandatet över Palestina till att förbereda Palestina för ett judiskt kolonialprojekt med bosättare i ett land där 95 procent av befolkningen var arabiska palestinier. När Balfour 1922 försvarade detta beslut inför överhuset förklarade han de teologiska motiven bakom sin kolonialpolitik:

> Den politik vi inledde kommer sannolikt att visa sig vara en framgångsrik politik. Men vi har aldrig gett sken av att det var enbart på grund av dessa materialistiska överväganden som deklarationen ursprungligen kom till ... Det är för att vi ska kunna sända ett budskap som talar om för dem (judarna) att kristenheten inte glömmer bort deras tro, att den inte är omedveten om den tjänst de har gjort världens religioner, och framför allt den religion som majoriteten i Ers Nådars hus bekänner sig till, och att vi efter bästa förmåga önskar ge dem möjlighet att i fred och lugn under brittiskt styre utveckla de stora gåvor som de hittills har tvingats förverkliga i länder som inte kan deras språk och inte tillhör deras ras. Det är det ideal som jag önskar se förverkligat, det är det mål som ligger till grund för den politik som jag försöker försvara; och även om den kan

försvaras på alla möjliga grunder så är detta den grund som berör mig djupast.[8]

De tre citaten ovan visar på den kristna sionismens viktigaste kännetecken. Alla de tre brittiska diplomaterna arbetade flitigt för att initiera och stödja ett judiskt nybyggarkolonialt projekt i Palestina. Alla former av nybyggarkolonialismen är uppenbara: Palestina uppfattas som "ett land utan folk" som det brittiska imperiet ska välja ut åt "ett folk utan land". För Shaftesbury är landet ofruktbart, men har ändå en stor jordbrukspotential som kan tjäna det brittiska imperiets koloniala intressen och behov. Den infödda befolkningen i Palestina är till största delen osynlig och saknar politiska rättigheter. Inkräktarna uppfattas, utifrån bibliska antaganden, som rättmätiga infödingar som tillhör det koloniserade landet.

De infödda invånarna, kristna och muslimer som utgjorde 95 procent av befolkningen, porträtterades negativt av Balfour som "icke-judiska grupper" som kanske hade "medborgerliga och religiösa rättigheter", men de hade inga nationella rättigheter eller bestämmanderätt över sitt land. Landet skulle bosättas permanent av europeiska judar som hade det kapital och de färdigheter som krävdes för att "utveckla" landet, det vill säga anpassa det till det brittiska imperiets intressen. I gengäld skulle det brittiska imperiet ge skydd åt de judiska bosättarna.

Alla de tre politikerna var hängivna evangeliska kristna, och alla tre grundade sina idéer på religiösa övertygelser som var väl sammanflätade med västerländska imperialistiska intressen. Deras bibliska och teologiska resonemang är vaga och uttrycks inte alltid tydligt. I bakgrunden finns dock en känsla av, och i viss mån en övertygelse om, att dagens judar på något sätt är direkt kopplade till de bibliska patriarkerna och därmed har rätt till Palestina. Endast Shaftesbury verkar främst motiveras av bibliska profetior.

Shaftesbury, Churchill och Balfour passar in på definitionen av kristna sionister, eftersom de var aktiva lobbyister för ett kolonialprojekt med bosättare på palestinsk mark.  Det övergripande meta-narrativet är tydligt i deras fall: Deras huvudintresse var att främja det brittiska imperiets intressen med de brittiska judarna som underleverantörer till den imperialistiska expansionen.

Men andra och ofta outtalade glokala överväganden hade ett betydande inflytande på deras agerande. Balfour ansåg till exempel att judarna var främlingar som inte hörde hemma i Europa på grund av sitt språk och sin ras. Att skicka brittiska judar till Palestina skulle både tjäna brittiska imperialistiska intressen och, enligt de brittiska politikernas tysta förhoppning, lösa den europeiska frågan om judarnas öde i Storbritannien. De brittiska politikerna var bekymrade över den brittiska judenhetens politiska och ekonomiska inflytande i Storbritannien och oroade över de vågor av fattiga östeuropeiska judiska migranter som strömmade in i landet.

I kombination med 1905 års utlänningslag skulle projektet med nybyggarkolonier i Palestina förhindra att judar anlände till Storbritannien från Ryssland genom att de omdirigerades till sitt "hemland" Palestina. Med detta arbete föregick de kristna sionisterna den judiska sionismen med ett halvt sekel och utlöste i själva verket den senare rörelsen.

## Liberal kristen sionism och Förintelsen

Det brittiska mandatet över Palestina upphörde den 14 maj 1948. Den dagen utropade judarna, baserat på vad de kallade sina "naturliga och historiska rättigheter", i samband med FN:s delningsplan från 1947, sin stat med det bibliska namnet Israel. Själva deklarationen skrevs på ett mer sekulärt språk och undvek att använda något religiöst rättfärdigande för staten. Deklarationen talade om nödvändigheten av en stat för judarna med tanke på den katastrof som hade lett till "massakern på miljontals judar i Europa". Många västerländska kristna insåg att Förintelsen inte hade varit möjlig utan kristen antijudaism, kulturella stereotyper och politiskt syndabockstänkande mot judar och deras religion, och sökte därför nya sätt att förhålla sig till judendomen. Ett av de första teologiska försöken kom från Holland.

År 1949 antog den nederländska reformerta kyrkans generalsynod "dialog med Israel" som en kallelse för kyrkan.[9] Ett liknande genombrott i relationerna till judar och judendom, som bygger på "Abrahams arv", åstadkoms genom *Nostra Aetate*[10] som antogs av Andra Vatikankonciliet 1965. Dessa försök står för en önskan att bekämpa antisemitismen och att inleda en meningsfull dialog och samtidigt ta lärdom av en smärtsam historia. Det råder ingen tvekan om att detta var en ädel sak som borde ha gjorts för länge sedan. Men det var just denna smärtsamma historia som gav upphov till den liberala kristna sionismen, känd som post-Holocaust-teologin, och som ledde till att flera stora europeiska kyrkosamfund lade till en sionistisk diskurs i sina bekännelsedokument.

Denna typ av liberal kristen sionism utlöstes av judiska författare och teologer som kämpade med innebörden av Förintelsen. År 1960 utkom Elie Wiesels bästsäljare *Night* på engelska, som handlade om hans erfarenheter som judisk överlevare av Förintelsen i Auschwitz och Buchenwald.[11] Sex år senare publicerade den judiske teologen Richard Rubenstein sin bok *After Auschwitz: Radical Theology and Contemporary Judaism*, där han ifrågasatte möjligheten att tro på Gud efter Auschwitz.[12] Emil Fackenheim betonade det unika med Förintelsen jämfört med andra ondskefulla företeelser som Hiroshima, Vietnam eller förslavningen av afrikaner. Irving Greenberg talade om Förintelsen och upprättandet av staten Israel som en "tredje era" i den judiska historien, där staten Israel kunde hävda nationella egenintressen baserade på militär makt utan ursäkter eller illusioner.

Att den judiska teologin nu definierade Förintelsen på det här sättet, ledde till att kyrkor och liberala kristna teologer gjorde Förintelsen till den hermeneutiska nyckeln för kristen teologi efter 1967. Kriget 1967 bidrog till denna strävan, eftersom den rungande israeliska segern utlöste såväl judisk messianism som kristen sionism. Med början på sextiotalet blev en sionistisk politisk berättelse om "enheten mellan Gud, land och folk" och en "teologisk aspekt på staten Israel" viktiga inslag i protestantiska liberala teologier. Karl Barth var en av de teologer som 1962 beskrev staten Israel som ett nytt tecken på Guds trofasthet mot Abrahams säd och därmed gav en politisk företeelse teologiska kvalifikationer.[13]

Anglosaxiska kyrkor antog den sionistiska konstruktionen av Gud, land (Palestina) och folk (det judiska folket) och gav därmed de judiska bosättarna den teologiska föreställningsvärld som behövdes för att marknadsföra deras bosättarkolonialism i väst. Rasifieringen spelade ytterligare en roll: Europeiska judar uppfattades som civiliserade, vita och som de ursprungliga ägarna av landet, medan araber med muslimsk majoritet framställdes som icke-vita terrorister, vilket också var ett kännetecken för bosättarkolonialismen. Afroamerikaner och palestinier kände sig förtryckta av samma krafter, vilket resulterade i en transnationell allians för befrielse mellan Svarta Pantrarna och den palestinska befrielserörelsen PLO.

Medan konservativa kristna med ett millennialistiskt tänkande beundrade den israeliska segern 1967, blev liberala kristna sionister förvirrade. En annan utgång hade kunnat leda till att judarna i staten Israel förintades, en potentiell ny Förintelse. Från och med då började liberala kristna teologer att se sig själva som judarnas försvarare och lobbyister för staten Israel. Som exempel vill jag lyfta fram två kyrkor och två teologer efter Förintelsen.

Den 16 juni 1970 antog den nederländska reformerta kyrkans generalsynod ett kyrkligt uttalande som var det första i sitt slag med titeln *Israel: People, Land and State.*[14] I avsnittet om "Det judiska folket i Gamla testamentet" betonade uttalandet att "det bibliska Israel" inte bara var en religiös gemenskap utan också en historisk realitet. Med dessa ord antog den nederländska reformerta kyrkan en sionistisk definition av judar, alltså inte i första hand som en religiös gemenskap utan mer som ett folk och därmed en nation. Dokumentet lånade också det sionistiska konceptet om enheten mellan det judiska folket och dess land, det vill säga Palestina.

Den holländska reformerta kyrkan gick ännu längre än deklarationen om staten Israel genom att förklara att denna enhet mellan det "judiska folket" och Palestina inte var en fråga om naturlig eller mänsklig rätt, utan snarare en fråga om ett gudomligt förbund grundat i löftet om land till Abraham. Det var en *nyhet* i kyrkliga dokument att ha ett avsnitt med rubriken "Staten Israel". "Judarnas återkomst för att bosätta sig i landet" ger, som det hette i dokumentet, det judiska folket en konkret och synlig form som av dokumentets författare tolkades som ett "tecken på Guds beskyddande trofasthet" och som teologiskt tolkas som en frälsningshistorisk fråga.[15] Dokumentet avstår från att ge staten Israel gudomliga egenskaper men talar om en historisk nödvändighet där också en trosdimension antyds.

År 1980 antog generalsynoden för den evangeliska kyrkan i Rheinland (EKiR) en resolution om förnyelse av relationen mellan kristna och judar.[16] Fyra skäl gjorde denna resolution nödvändig enligt EKiR:s synod: För det första insikten om kristet ansvar och skuld i förföljelsen och mördandet av judar under Nazityskland som ledde till Förintelsen; för det andra nya bibliska insikter hos den bekännande kyrkan om "Israels" permanenta betydelse i frälsningshistorien; för det tredje insikten om att det judiska folkets fortsatta existens, deras "återvändande" till löftets land och upprättandet av staten Israel är ett tecken på Guds trofasthet mot Guds folk; för det fjärde judarnas beredskap att inleda en dialog med kristna och att lära och arbeta tillsammans trots Förintelsen.

Två föreställningar – "enheten mellan Gud, land och folk" och "det teologiska attributet till staten Israel" – blev viktiga inslag i protestantiska liberala teologier under 1970- och 1980-talen. Vi finner dessa begrepp använda i olika nyanser av teologer som Hendrikus Berkhof i Holland; Helmut Gollwitzer, Friedrich-Wilhelm Marquardt, Rolf Rendtorff, Peter von der Osten-Sacken och Bernhard Klappert i Tyskland; och Paul van Buren, Franklin Littell, Roy Eckardt och W

D Davies i USA. Även katoliker utvecklade dessa teologier genom arbeten av personer som den franske filosofen Jacques Maritain och teologer som Kurt Hruby, Clemens Thoma och Franz Mussner. Nästan alla dessa teologer var influerade av den kristna förintelseteologin och anses vara liberala kristna sionister som försökte återuppväcka liberala protestanters och katolikers stöd för Israel.[17]

En av de mest framträdande tyska liberala kristna sionisterna var Friedrich Wilhelm Marquardt. I sin bok *The Jews and Their Land*, som skrevs omedelbart efter kriget 1967, försökte Marquardt bevisa att landet (Palestina) spelar en viktig roll i Nya testamentet och i Jesus liv.[18] Marquardt går vidare till att tala om staten Israels betydelse för kristna. Intressant nog lovordar han Balfours *realpolitik* som var sammanvävd med "verklig religiositet" – med andra ord Balfours kristna sionism. Denna "anda av politisk och biblisk realism" innebär för nutida kristna inget mindre än att erkänna "rättfärdigheten i Israels anspråk" och för "judarnas hävdande", hävdade Marquardt.[19] Inte undra på att Marquardt gav sin kristologi titeln *Bekännelsen till Jesus, juden*.[20]

I en föreläsning som hölls vid den tyska Evangeliska kyrkodagen 1969 gick Marquardt ännu längre och förklarade att staten Israel var bärare och uppfyllare av Guds löften och hade potential att förverkliga Guds rike för Israel och nationerna på jorden.[21] Därför, fortsatte han, är det obligatoriskt för kristna att kämpa för staten Israels rättigheter, inte bara av politiska skäl utan också av teologisk övertygelse.

På den amerikanska kontinenten var den mest framträdande amerikanska liberala kristna sionistiska teologen utan tvekan Paul van Buren. Liksom Marquardt var han elev till Karl Barth och 1984 publicerade han sin volym *A Christian Theology of the People of Israel*.[22] Van Buren hävdar exklusiviteten i Guds förbund med Israel. Förbundet innebar ett utlovat land som ges till "Israel" för evigt, oavsett om judarna lever på landet eller i exil, och oavsett om andra människor lever där. Den judiska närvaron i landet tar sig uttryck i en stat, där endast judar är fullvärdiga medborgare och där främlingar tolereras så länge de följer samma lagar som judarna. Staten är dessutom av Gud ålagd att vara en teokratisk stat enligt Torah. För Van Buren råder det ingen tvekan om att staten Israels teologiska kvaliteter inte bara är till för judar, eftersom Israel också är början på hela skapelsens återlösning.

> Den kristna kyrkans roll är att sprida uppenbarelsen av Israels Gud – och Guds helande arbete i och genom Israel – till nationerna. Kristendomen bör göra detta, inte bara genom att predika detta evangelium för nationerna, utan också genom att tjäna Israels folk. Detta tjänande tar sig en extern och en intern form. Externt måste den kristna kyrkan bli en förlängning av Anti-Defamation League, som bekämpar all antisemitism bland icke-judar. Den tar sig också uttryck i ett försvar av staten Israel, både genom att samla in pengar till Israels försvar och genom att försvara staten Israel mot allt antisionistiskt förtal. All kritik mot staten Israel, oavsett om den grundar sig på påstådd orättvisa mot palestinierna eller påståenden om att Israel är orättvist mot folk i tredje världen, är helt enkelt lögner. Det är den kristna kyrkans uppgift att bekämpa alla dessa lögner mot Israel genom att lära sig sanningen av judarna, det vill säga staten Israels regering.[23]

Både Van Buren och Marquardt talar rakt och okonstlat om den kristna plikten att bedriva lobbyverksamhet till förmån för staten Israel. De två kyrkliga uttalandena sade samma sak på ett mer subtilt sätt. Nästan alla dessa teologer gick ännu längre genom att angripa och förtala dem som vågade ta upp frågan om rättvisa för palestinierna, inklusive Rosemary Radford Ruether, en liberal katolsk teolog som tidigare var deras allierade och som publicerade sig uttryckligen mot antisemitism. Men när hon och hennes man skrev *The Wrath of Jonah*, där de bland annat avslöjade faran med den liberala kristna sionismen, attackerades hon hårt av samma teologer som i sin tur anklagade henne för att vara antisemit.[24] Anklagelsen om antisemitism används om och om igen av staten Israel för att tysta kritiska röster och för att karaktärsmörda individer som talar emot deras bosättarkoloniala projekt.

Genom att betona enheten mellan folk, land och Guds förbund anammade de två kyrkorna och teologerna en bosättarkolonial diskurs som stödde judarnas "återvändande" och bosättning i Palestina. De framställde judarna som de rättmätiga ägarna av Palestina och palestinierna som främlingar i sitt eget land. Palestinierna förblir osynliga eller framställs som barbarer som "står i vägen för Gud". Metaberättelsen för kyrkorna och teologerna efter Förintelsen var utan tvekan Förintelsen, med dess arv av skuld och skam. För dessa liberala kristna sionister krävde Förintelsen ett radikalt och okonventionellt teologiskt svar.

Glokala överväganden spelar dock en roll i samtliga fall. För den nederländska reformerta kyrkan var två faktorer viktiga: den starka motståndsrörelsen i Nederländerna mot den tyska ockupationen skapade ett särskilt känslomässigt band till Israel, och den nederländska reformerta kyrkan hade en lång tradition av stöd för det koloniala projektet i Sydafrika och gav ett starkt stöd till apartheidsystemet där. För EKiR var den tyska skulden och behovet av gottgörelse för vad som hände judarna i Nazityskland och av den officiella tyska kyrkan drivkraften bakom deras politik. Marquardt tjänstgjorde själv som ung soldat i den nazistiska armén i Polen. Liberala kristna sionistiska teologer gjorde karriär på grundval av teologin efter Förintelsen och på bekostnad av de infödda palestinierna.

## Kristen sionism och den amerikanska kristna högern

Staten Israel har spelat en framträdande roll i den amerikanska kulturen under de senaste fem decennierna. Kriget 1967 gav ett uppsving för den amerikanska kristna sionismen, och beteckningen av staten som "det bibliska Israel" accelererade efter 1967. I kölvattnet av USA:s enorma förluster i Vietnam sågs Israels seger över flera arabstater av många amerikanska konservativa kristna som ett bevis på Israels gudomliga utvaldhet och som en amerikansk jeremiad.[25]

Inspirerad av kriget 1967 publicerade Hal Lindsey 1970 "*The Late Great Planet Earth*", där han hävdade att alla bibliska profetior visade att slutet på "historien som vi känner den" var nära och att Jesus återkomst därmed var nära, med en speciell plats för staten Israel i denna händelseutveckling.[26] Boken blev en bästsäljare och såldes i över 28 miljoner exemplar.

Det år då Likudpartiet kom till makten i Israel, 1977, var ett viktigt ögonblick i den amerikanska kristna sionismens utveckling.[27] Likud, tillsammans med National Religious Party, har mycket gemensamt med amerikanska kristna sionister. De anser att hela det historiska Palestina måste vara en del av staten Israel. Menachim Begin var en av de första Likudledarna som förstod vikten av att använda kristna sionister som lobbyister för israeliska intressen, och han följdes av Shiranski, Netanyahu, Ben Ayalon och andra.[28] I detta skede hade kristna sionister en direkt koppling till det israeliska politiska etablissemanget. De lanserade enorma program för att stödja den så kallade *aliyah*, som förde judar från flera länder, till exempel Sovjetunionen och Etiopien, till Israel, och för att öka den kristna turismen till Israel, som sedan 1979 årligen sammanfaller med lövhyddohögtiden. När det israeliska Knesset 1980 antog en lag som förklarade Jerusalem som Israels eviga huvudstad, flyttade alla ambassader sin personal till Tel Aviv.

Samma år, och för att erkänna Jerusalem som Israels eviga huvudstad, skapade en grupp kristna sionister den internationella kristna ambassaden i Jerusalem.[29] Bland de bästsäljande romanerna på den här tiden fanns en serie kristen litteratur med dispensionalistisk profil, med titeln *Left Behind*. Böckerna publicerades mellan 1995 och 2000 och framhöll Jerusalems apokalyptiska roll vid tidens slut.[30]

Kriget mot terrorismen under den andra Bush-administrationen stärkte ytterligare banden mellan staten Israel och USA, men Trump-eran gav den kristna sioniströrelsen dess mest betydelsefulla politiska stöd när administrationen flyttade USA:s ambassad till Jerusalem, erkände staden som Israels huvudstad, förklarade de judiska bosättningarna på Västbanken som lagliga och erkände de ockuperade Golanhöjderna som en del av Israel. Det är därför inte så konstigt att två av de mest framträdande amerikanska kristna sionisterna bjöds in till öppnandet av USA:s ambassad i Jerusalem och ombads att be vid evenemanget.

Den första bönen hölls av John Hagee, grundare av och seniorpastor i Cornerstone Church samt grundare av och nationell ordförande för Christians United for Israel, en ideell organisation som bildades 2006 och som skryter med att ha samlat in över hundra miljoner dollar till stöd för Israel. Den andre var pastor Robert Jeffress, pastor i First Baptist Church i Dallas och TV-predikant. Efter öppnandet av ambassaden hade Netanyahu ett privat samtal med de båda pastorerna och bad dem att lobba för att latinamerikanska länder skulle följa Trumps exempel och flytta sina ambassader till Jerusalem. Amerikanska kristna sionistledare lobbade också för att Gulfstaterna skulle öppna diplomatiska förbindelser med Israel.[31]

I dag är de amerikanska kristna sionisterna Israels näst starkaste lobby efter American Israel Public Affairs Committee. De investerar kraftigt i Israels bosättarkoloniala projekt på Västbanken, eftersom bilden av en bosättare har en speciell betydelse i den amerikanska föreställningsvärlden. Båda länderna är bosättarkoloniala nationer som ockuperat ursprungsbefolkningens landområden och tvingat in dem i små reservat. Vicepresident Pence gör kopplingen tydlig i sitt tal i Knesset 2018:

I judarnas historia har vi alltid sett Amerikas historia. Det är berättelsen om ett exodus, en resa från förföljelse till frihet, en berättelse som visar på trons kraft och hoppets löfte. Mitt lands allra första nybyggare såg sig också som pilgrimer, utsända av försynen för att bygga ett nytt förlovat land.[32]"

Det Pence gör är att ge uttryck för hela bosättarkolonialismens ideologi. För honom existerar inte Palestina, och landet tillhör judarna enligt gudomligt påbud.

Den amerikanska kristna högerns metanarrativ är den amerikanska nationalismen.[33] Den amerikanska nationalismen kan ta sig flera uttryck, från amerikansk imperialism till antikommunism, från antimuslimska ideologier till amerikansk exceptionalism. Som Braden Anderson skriver betraktar den amerikanska kristna högern Amerika på följande sätt:

> Amerika bör ses som det nya Israel, eller mindre direkt som en gudomligt utvald nation i den moderna världen som är utvald att rädda världen via sin politik, ekonomi och kultur samt sin egen medfödda moraliska godhet, förutsatt att den förblir trogen sitt sanna jag. I dessa berättelser vävs delar av den bibliska berättelsen samman med delar av den amerikanska historien och myten, vilket resulterar i en samlad nationalistisk berättelse om amerikansk valfrihet som likställer trohet mot Amerika med trohet mot Jesus Kristus, och därmed gör den amerikanska nationella identiteten till ett evangeliskt imperativ.[34]

Trumps America First-prioriteringar var avsedda att tillgodose denna specifika väljargrupp. Amerikanska kristna sionister har också glokala överväganden. Deras främsta mål är att återupprätta den amerikanska kulturens kristna karaktär i mötet med sekulariseringen och att presentera konservativa kristet baserade värderingar och lösningar på USA:s sociala problem mot bakgrund av den alltmer utbredda liberalismen. Israel tjänar dem väl i denna agenda som bevis på giltigheten i den bibliska berättelsen och deras bokstavstrogna agenda.

# Slutsats

Kristen sionism är ett mångfacetterat fenomen. Den kan inte begränsas till evangelikaler eller bokstavstroende, eftersom den finns i olika nyanser bland politiska aktörer, liberala teologer och traditionella kyrkor. Även om den teologiska grunden varierar från grupp till grupp, har de det gemensamt att de använder ordet Israel i samma entydiga betydelse. Alla kristna sionister förväxlar Bibelns israeliter med dagens israeler och utvecklar därigenom ett känslomässigt band till judar i allmänhet och staten Israel i synnerhet. För dem är det palestinska folket osynligt eller en del av problemet.

Den kristna sionismen måste ses som en religiös lobby som stöder det sista aktiva koloniala projektet med bosättare och den längsta ockupationen i modern historia. Den använder Bibeln som vapen för ett imperialistiskt västerländskt projekt som syftar till att eliminera ursprungsbefolkningen samtidigt som den konfiskerar deras land och exploaterar deras resurser. Eftersom den kristna sionismen är inbäddad i metanarrativ och sammanflätad med flera glokala agendor utanför Palestina är den farlig för palestinierna och deras land.

Enligt internationell rätt, Internationella domstolen, Genèvekonventionen och stadgan om de mänskliga rättigheterna är Israels bosättarkoloniala projekt olagligt och bryter mot lagar och rättigheter. Det fördöms av de flesta länder. B'Tselem, en judisk människorättsorganisation, var först med att beskriva det som sker i Israel som apartheid.[35] Under dessa omständigheter har det blivit allt svårare att försvara Israels bosättningsprojekt. Kristna sionister bortser dock från stadgan om mänskliga rättigheter eftersom "bibliska rättigheter" står över alla andra rättigheter. I ett sådant sammanhang kan kristna sionister vara Israels sista allierade i sitt koloniala bosättarprojekt. De kan vara den enda grupp utanför den israeliska politiska och religiösa högern som både försvarar, stöder och främjar sådana israeliska kränkningar.

Den kristna sionismen är inte längre bara ett västerländskt fenomen. Den israeliska regeringen främjar kristna sionistiska allierade som den enda rösten för kristendomen utomlands genom ständiga försök att tysta de inhemska palestinska kristna ledarnas röst och ersätta den med kristna sionisters. Det amerikanska imperiet och västerländska teologer har exporterat denna ideologi till det globala syd. Kristen sionism är ett växande fenomen i länder i Afrika, Asien och Latinamerika, ett fenomen som är sammanflätat med populism, religiös nationalism, islamofobi och vit överhöghet.[36]

Under de senaste åren har vi till och med börjat se kristen sionism bortom kristendomen i takt med att det amerikanska imperiet sprider sig. Här syftar jag på de första tecknen på vad vi skulle kunna kalla islamisk sionism, en form av islam som främjas av Gulfstaternas härskare för att stödja deras normaliseringssträvanden med Israel. Det imperialistiska projekt som inleddes i mitten av 1800-talet fortsätter än i dag.

# KÄLLHÄNVISNINGAR

## Kapitel 2: Kristen sionism: Den kristna lobbyn som stödjer bosättarkoloniseringen i Palestina


1. As an example, see Aron Engberg, "'A Fool for Christ:' Sense-Making and Negotiation of Identity in the Life Story of a Christian Soldier," in *Comprehending Christian Zionism: Perspectives in Comparison*, ed. Goran Gunner and Robert O Smith (Minneapolis: Fortress Press, 2014), 33–59.

2. Robert O Smith, *More Desired than Our Own Salvation: The Roots of Christian Zionism* (New York: Oxford University Press, 2013), 114.

3. For more on Lord Shaftesbury, see Donald M Lewis, *The Origins of Christian Zionism: Lord Shaftesbury and Evangelical Support for a Jewish Homeland*, reprint ed. (Cambridge: Cambridge University Press, 2014).

4. Shaftesbury, as quoted in Nur Masalha, *The Zionist Bible: Biblical Precedent, Colonialism and the Erasure of Memory* (London: Routledge, 2014), 83.

5. Lucien Wolf, *Notes on the Diplomatic History of the Jewish Question: With Texts of Protocols, Treaty Stipulations and Other Public Acts and Official Documents* (London: Spottiswoode, 1919), 119, http://archive.org/details/notesondiplo- mati00wolfuoft.

6. Ibid, 121.

7. Edwin Hodder, *The Life and Work of the Seventh Earl of Shaftesbury, K G*, ATLA Monograph Preservation Program; ATLA Fiche 1988–1276 (London: Cassell, 1886), 14.

8. Blanche E C Dugdale, *Arthur James Balfour, 1906–1930* (New York: Putnam's Sons, 1937), 58.

9. Walter Kickel, *Das gelobte Land* (Munich: Kösel, 1984), 159.

10. James M Barrens, *In Our Time (Nostra Aetate): How Catholics and Jews Built a New Relationship* (S. Pertersburg, FL: Mr Media Books, 2015); Kail C Ellis, ed, *Nostra Aetate, Non-Christian Religions, and Interfaith Relations*, (Cham, Switzerland: Palgrave Macmillan, 2020).

11. Elie Wiesel, *Night*, translation Marion Wiesel (New York: Hill and Wang, 2006).

12. Richard L Rubenstein, *After Auschwitz Radical Theology and Contemporary Judaism* (Indianapolis: Bobbs-Merrill, 1966).

13. Kickel, *Das gelobte Land*, 186.

14. Ibid, 158–166.

15. Ibid.

16. Katja Kriener and Johann Michael Schmidt, *Gottes Treue—Hoffnung von Christen und Juden. Die Auseinandersetzung um die Ergänzung des Grundartikels der Kirchenordnung der Evangelischen Kirche im Rheinland* (Neukirchen-Vluyn, Germany: Neukirchener Theologie, 1998), 24.

17. Stephen R. Haynes, "Christian Holocaust Theology: A Critical Reassess- ment," *Journal of the American Academy of Religion* 62, no. 2 (1994): 562.

18. Friedrich Wilhelm Marquardt, *Die Juden Und Ihr Land.* (Gütersloh, Germany: Guetersloher Verlagshaus, 1993).

19. Ibid, 144–47.

20. Friedrich-Wilhelm Marquardt, *Das christliche Bekenntnis zu Jesus, dem Juden.: Eine Christologie. Band 1+2. Studienausgabe.* (Kamen, Germany: Hartmut Spenner, 2013).

21. Kickel, *Das gelobte Land*, 192–194.

22. Paul M Van Buren, *A Christian Theology of the People of Israel* (New York: Harper San Francisco, 1984).

23. Paul van Buren as quoted in Rosemary Radford Ruether, *The Wrath of Jonah: The Crisis of Religious Nationalism in the Israeli–Palestinian Conflict* (San Francisco: Harper & Row, 1989), 212.

24. Haynes, "Christian Holocaust Theology," 569.

25. Andrew R Murphy, *Prodigal Nation: Moral Decline and Divine Punishment from New England to 9/11* (Oxford: Oxford University Press, 2008).

26. Hal Lindsey and Carole C Carlson, *The Late Great Planet Earth* (Grand Rapids: Zondervan Academic, 1970).

27. Goran Gunner, "Palestinian Christian Reflection on Christian Zionism," in *Comprehending Christian Zionism: Perspectives in Comparison* (Minneapolis: Fortress Press, 2014), 191–98.

28. http://www.historycommons.org/entity.jsp?entity=menachem_begin.

29. https://int.icej.org

30. Tim LaHaye and Jerry B Jenkins, *Left Behind: A Novel of the Earth's Last Days* (Chicago: Tyndale House Publishers, 1995).

31. Joel C Rosenberg, "First-Ever Delegation of Evangelical Leaders Visits United Arab Emirates. Joel C. Rosenberg's Blog, October 31, 2018, http://flash-    trafficblog.allisrael.com/2018/10/31/first-ever-delegation-of-

evangelical-leaders- visits-united-arab-emirates-we-thanked-crown-prince-for-his-protection-of-free-dom-of-worship-for-churches-and-for-his-moral-clarity-in-countering-violent/.

32. "Full Transcript of Pence's Knesset Speech—The Jerusalem Post," January 23, 2018, https://www.jpost.com/Israel-News/Full-transcript-of-Pences-Knesset-speech-539476.

33. Braden P Anderson, *Chosen Nation* (Eugene, OR: Cascade Books, 2012), 150–97.

34. Ibid, 250–51.

35. https://www.btselem.org/apartheid.

36. Cynthia Holder Rich, ed., *Christian Zionism in Africa* (Lanham, MD: Fortress Academic, 2021); Hatem Bazian, "Understanding Christian Zionism A Special Report by the Islamophobia Studies Center," Islamophobia Studies Center, 2020, https://www.academia.edu/44030879/Understanding_Christian_Zionism_A_Special_Report_by_the_Islamophobia_Studies_Center.

# 3

# Landet, Bibeln
# och bosättarkolonialismen

När kristna pilgrimer besöker Palestina är det många som vill återuppfinna Bibelns heliga land. De är upprymda över hur Bibeln blir levande i Palestina. På samma sätt letade 1800-talets arkeologer som grävde i Palestina efter Bibeln, och dagens teologer fortsätter detta sökande.

Som avhandlades i föregående kapitel skriver många kristna teologer om Palestina utifrån synsätt och tänkande som är koloniserade av Bibeln och ett västerländskt narrativ. De skriver som om Palestina vore ett uråldrigt land som existerar i ett vakuum; de berövar det sitt sociopolitiska sammanhang – dess verkliga människor – och de tänker sällan på hur denna teologi har använts och används för att förstärka bosättarkolonialismen. Dessa koloniserade sinnen förstärker den fortsatta koloniseringen av Palestina. Det här kapitlet fokuserar på dessa kopplingar. Hänvisningen till Tempelberget är ett viktigt exempel på en sådan kolonial diskurs.

## Haram kontra Tempelberget

För några år sedan ville jag ge ut en bok om Jerusalem. I det syftet bad jag en god vän, en teolog från USA, att arbeta tillsammans med mig i projektet. När vi träffades för att diskutera innehållsförteckningen och ämnena stod det klart för mig att vi hade två mycket olika perspektiv på Jerusalem. För mig var Jerusalem en verklig stad som jag brukade besöka varje vecka när jag var liten. Jag minns fortfarande tydligt hur jag brukade sitta med mina vänner på de ottomanska murarna i Gamla stan, besöka den heliga gravens kyrka, som delvis härstammar från den bysantinska eran, och promenera till al-Aqsa-moskén och Klippdomen, som byggdes under Ummayyad-perioden på 700-talet. En resa till Jerusalem var aldrig komplett utan att köpa det berömda Jerusalem *ka'ek*, ett lokalt bröd med sesamfrön, och äta det med *za'atar* (vild timjan). Jag hade en moster och många vänner från kyrkans ungdomsgrupp som bodde i Jerusalem. För mig var Jerusalem en pulserande, levande stad med riktiga människor.

Min kollega från USA hade inte samma koppling till staden, och jag insåg snart att han inte var särskilt intresserad av staden som den ser ut i dag. Snarare var han besatt av det gamla Jerusalem, av det som en gång fanns, och det var bara det som koloniserade hans fantasi. Han var fascinerad av resterna av de herodianska murarna och ägnade inte mycket uppmärksamhet åt den befintliga ottomanska muren från 1500-talet. Han koncentrerade sig på de gamla vägarna som Jesus gick på snarare än den nuvarande *souken* med sin rika sociala och ekonomiska historia. Han var fascinerad av det andra templet och mindre intresserad av al-Aqsa-moskén som har stått där sedan sjuhundratalet. Han var mindre intresserad av staden som den är och som den har utvecklats under århundradena utan var snarare helt fokuserad på det bibliska Jerusalem, Gamla och Nya testamentets Jerusalem.

Min vän var angelägen om att återuppfinna Bibelns Jerusalem och väcka det till liv igen för de potentiella läsarna av den planerade boken. Hans fokus på det bibliska förflutna skulle inte ha varit något problem om det inte vore för de förödande konsekvenser som ett sådant fokus har för dagens verklighet i Palestina. Min vän var inte sionist eller evangelikal kristen utan en sofistikerad teolog som vuxit upp i en liberal miljö med historiekritik. Han kanske inte ens insåg hur hans fokus fungerade som ett verktyg i den fortsatta koloniseringen av palestinskt land och folk.

Jag kände igen hans fokus på det bibliska Jerusalem i hans språkbruk. Han kallade området vid al-Aqsa-moskén och Klippdomen (*Haram*) för "Tempelberget". Varför skulle en kristen teolog kalla detta område för Tempelberget, när det inte har funnits något tempel där under de senaste tvåtusen åren och två stora och gamla muslimska helgedomar dominerar horisonten? Uttrycket *Tempelberget* används förstås som en historisk referens till den plats där det judiska templet en gång kan ha stått eller som en arkeologisk referens till några av resterna av den herodianska muren. Men att ignorera och underlåta att hänvisa till två viktiga muslimska heliga platser, och i stället hänvisa till hela området som Tempelberget, kan inte längre uppfattas som oskyldigt. I dagens instabila politiska sammanhang är själva frasen minst sagt problematisk.

Användningen av termen Tempelberget spelar in i agendan för en radikal (kristen) sionistisk ideologi samt bosättarkolonialism. Kristna teologer är ofta omedvetna om att sionistiska politiska anspråk ligger bakom uttrycket Tempelberget, och genom att använda uttrycket oskyldigt kan man i praktiken gå radikala israeliska bosättare till mötes som är fast beslutna att kolonisera de muslimska helgedomarna och göra dem till en judisk plats. Under de senaste fem decennierna har israeliska bosättare försökt att förstöra eller ockupera Haram för att bygga ett judiskt tempel där. Detta är den nuvarande *Sitz im Leben* för denna term.

Efter den israeliska ockupationen av östra Jerusalem grundade en israelisk militär, Gershom Salomon, en organisation vid namn Temple Mount Faithful med målet att "bygga det tredje templet på Tempelberget i Jerusalem under vår livstid i enlighet med G-d:s ord och alla hebreiska profeter, och att befria Tempelberget från arabisk (islamisk) ockupation så att det kan invigas i G-d:s namn."[1] Den 21 augusti 1969 satte en militant kristen sionist och australiensisk medborgare, Michael Dennis Rohan, eld på den gamla predikstol som Salah ad-Din, donerat till al-Aqsa-moskén i tron att han hade fått kallelsen att bränna den muslimska helgedomen för att det judiska templet skulle kunna uppföras där.[2] Rohan förklarades mentalsjuk och deporterades senare till Australien. Kristna sionistiska grupper är fortfarande helt fokuserade av tanken på att det tredje templet ska uppföras, muslimerna besegras och deras helgedomar i Jerusalem förstöras som en förutsättning för Jesus återkomst.[3]

Med början i slutet av 1970-talet försökte judiska terroristgrupper flera gånger att spränga Klippdomen i luften. Det första försöket gjordes 1978 av Yehuda Etzion som trodde att förstörelsen av den muslimska moskén skulle utlösa en judisk nationell andlig väckelse.[4] Han och en annan israelisk-judisk terrorist och sprängämnesexpert, Menachem Livni, studerade Haram i detalj, stal sprängämnen från en israelisk militärbas på Golanhöjderna och tillverkade 28 precisionsbomber för att spränga Klippdomen. Av flera skäl fick operationen skjutas upp. Ett andra försök att spränga Klippdomen gjordes 1980 av den amerikansk-israeliske rabbinen och Knessetledamoten Meir Kahane, följt av ett tredje försök 1982 av Alan Goodman, en ortodox judisk amerikan som öppnade eld mot muslimska gudstjänstbesökare.[5] I mitten av 1980-talet hade försök att storma Haram av judiska bosättare blivit en regelbunden företeelse.

Under den första *intifadan* (upproret) tillkännagav Gershom Salomon, ledaren för Temple Mount Faithful, sin avsikt att storma Haram-området och lägga grunden för det nya templet. 1996 godkände Netanyahus regering öppnandet av en tunnel under Haram, vilket gav ny fart åt rörelsen Temple Mount Faithful. Gershom Salomon var stolt över att kunna tillkännage sitt mål: "Vi kommer att befria Tempelberget, även om den politiska ledningen inte vill... I stället för Klippdomen och moskéerna, Israels flagga och templet! ... Det är försynens vilja att vi kämpar för att avlägsna styggelserna från berget."[6] Den 29 september 2000 stormade den israeliske oppositionsledaren Ariel Sharon, bevakad av israeliska soldater och åtföljd av medlemmar av den israeliska regeringen, Haram, en händelse som utlöste den andra intifadan.[7] Sådana försök har sedan dess fortsatt nästan varje vecka, vilket har provocerat muslimska gudstjänstbesökare och myndigheter och lett till upplopp och hundratals palestiniers död.

Med en historia av judisk bosättarkolonialism som påminner om korsfararnas handlingar kan teologer inte oskyldigt använda termen Tempelberget. Den avgörande frågan för teologin måste vara "Hur kan vi befria det teologiska tänkandet från denna osynliga 'kolonisering'?" Det är dags att bryta sig loss från ett språkbruk som spelar den israeliska bosättarkolonialismen, den kristna sionistiska ideologin och den islamofobiska retoriken i händerna. Det som gäller för al-Aqsa-moskén gäller för hela landet. Hur vi namnger saker är viktigt, för namngivning är en maktutövning.

## Landet som kallades Kanaan

Det äldsta namnet på landet var Kanaan. Detta forntida namn syftade på Sydvästasien, ett område som omfattar dagens Palestina, Libanon och de västra delarna av Jordanien och Syriens kust. Den kanaanitiska befolkningens kontinuitet spåras av forskare tillbaka till det åttonde årtusendet f Kr.[8] Arkeologiska lämningar från den tidiga bronsåldern II–III (3200–2200 f Kr) visar på ett blomstrande samhälle som kunde uppföra massiva strukturer, särskilt tempel, till vilka ytterligare befästningar och palats lades till under den mellersta bronsåldern (1800–1550 f Kr). Under denna period åtnjöt Kanaan en period av relativ självständighet och välstånd. De första textuella och historiska beläggen för Kanaan dateras till omkring 1800 f Kr, och de är därmed ett årtusende äldre än den äldsta bibeltexten.

Under den sena bronsåldern (1550–1200 f Kr) hamnade landet under egyptiskt styre, och de tidigaste textreferenserna från den här tiden hänvisar till Kanaan som en distinkt geopolitisk enhet i regionen. Detta bekräftas i Amarna-breven, som skrevs av kanaaneiska härskare med akkadisk skrift på lertavlor mellan 1360 och 1332 f Kr och där Kanaan och kananéerna nämns tolv gånger. Breven ger intryck av en tydlig västsemitisk kanaanitisk dialekt och en agrar livsstil där lokala härskare styrde över små områden med en stor, muromgärdad stad i centrum.[9] Deras viktigaste gudar var El, Baal och Asherah med fokus på fruktbarhet, vilket utgjorde en avgörande faktor för deras agrara samhälle med dess beroende av regn.

Gamla testamentet drar sig inte för att kalla landet vid dess gamla namn Kanaan och dess invånare för kanaaniter vid mer än 150 tillfällen. Den bibliska texten vittnar om den avancerade kulturen i "landet som flyter av mjölk och honung" (Josua 5, 6). Namnet Kanaan och dess folk, kanaaniterna, användes ända in på 500-talet e Kr. I Matteusevangeliet 15:22, som skrevs i slutet av första århundradet efter Kristus, omnämns en syrofenicisk kvinna (Mark 7:26) som kanaaneiska, medan den sista hänvisningen till kananéerna görs av Augustinus av Hippo i hans kommentar till Romarbrevet 13.

Även om namnen Kanaan och kananéerna försvann, gjorde inte kananéerna själva det. De fortsatte att vara det folk som bebodde Palestina, men med nya identiteter. Den bibliska berättelsen som stereotypiserar kananéer som förbannad (1 Mos 9:25) kan ha bidragit till denna process. I modern tid och i samband med den israelisk-palestinska kampen för historik och legitimitet som ägare av landet, började vissa palestinska grupper och intellektuella att hänvisa till kananéerna som sina förfäder som föregick israeliterna. Denna identifikation är problematisk och tar inte hänsyn till historiska faktorer, vilket leder till en förvrängd vision. Dagens palestinier är inte kananéer, men kananéerna är utan tvekan en del av palestiniernas förfäder.

## Palestina

Övergången från yngre bronsålder till järnålder I (1200–950 f Kr) kännetecknas av att havsfolken med sina nya och avancerade järnvapen dyker upp på Medelhavets södra och västra stränder, vilket leder till att regionen får en ny utformning. En grupp av de mest kända havsfolken var Peleset, även kända som filistéerna, som bosatte sig permanent vid Kanaans södra kustområde. Ett försvagat Egypten tvingades dra sig tillbaka från Kanaan, och lokala kungadömen, kända som fenicierna, israeliterna, moabiterna, ammoniterna och edomiterna, kunde fylla tomrummet.

Uppkomsten av *Philistia* på sydöstra sidan av Medelhavet var ett avgörande ögonblick och Palestina blev det namn som användes mest konsekvent från järnåldern och framåt för att benämna området som sträckte sig från så långt norrut som Sidon till Egyptens bäck och från Medelhavet till Transjordanien med ständigt föränderliga gränser. Det förekommer i inskriptioner från Ramses III (ca 1182–1151) med en ökad regional förståelse under 1100- och 900-talen f Kr. Från den neo-assyriska perioden (tionde-sjunde århundradet f Kr.) och framåt är det den vanligaste etiska kollektiva beteckningen, som också förekommer under den romerska perioden (första århundradet f Kr – fjärde århundradet e Kr).[10]

Medan assyrierna, redan under Ramses III, använde namnet i form av Pilishtu för att beskriva landets kustregion, var det den grekiske historieskrivaren och kartografen Herodotos (ca 484–425 f Kr) som omarbetade termen till *Palaistin*, som syftade på hela landet, inklusive även Transjordanien.[11]

Med undantag för Kanaan har inget annat namn än Palestina använts kontinuerligt för detta land under nästan 2 500 år, fram till i dag. Dessutom är det bara detta namn som historiskt sett har haft en inkluderande karaktär. Palestina syftar i den här bemärkelsen inte på en politisk, religiös eller etnisk enhet, utan snarare på en multietnisk, multikulturell och multireligiös region som kunnat inkludera olika identiteter och folk inom sina gränser. Under dessa 2 500 år stod Palestina för ett land med ett inkluderande, multireligiöst samhälle. Dagens palestinier är inte Bibelns filistéer, även om filistéerna är en del av palestiniernas härkomst.

# Israel

Israel var ett annat rike som dök upp i landet under tidig järnålder. Den bibliska berättelsen beskriver folket som att det kom från Egypten efter utvandringen, men de flesta historiker tror i dag att det bestod av halvnomadiska stammar som omgrupperades till följd av det egyptiska tillbakadragandet från Kanaan för att etablera ett nytt rike i höglandet med en ny religiös identitet fokuserad på Jahve.[12] Deras halvnomadiska bakgrund måste ha fört dem in i i en direkt konflikt med Baals religion som var centrerad till de bördiga regionerna i Palestina.

I Bibeln tillskrivs grundandet av Israel som en politisk enhet i Palestina kung David och hans son Salomo, som kan ha bott i Kanaan under järnålderns första period, omkring 1000 f Kr. Den bibliska berättelsen förhärligade retroaktivt Davids och Salomos tid som höjdpunkten för "Israel". Denna berättelse har använts som vapen av judiska och kristna sionister som ett historiskt försvar för den koloniala berättelsen och tillämpningen. Intressant nog finns det inga historiska eller arkeologiska uppgifter som bekräftar den bibliska berättelsen om David. Troligen var David en gerillakrigare från Juda som sålde sina tjänster och som lyckades ta över den tolv hektar stora kanaaneiska staden Jebus med ett par tusen invånare och omvandla den till sin politiska bas. Detta lilla territorium med några hundra krigare blev kortlivat, men den bibliska berättelsen refererar till det och till Salomos tid som om det vore en imperialistisk makt som kontrollerade hela Palestina.[13]

Historiskt sett syftade namnet Israel främst på den norra delen av landet under en relativt kort tidsperiod, då det kallades för kungariket Israel eller Omris hus (900-talet till 720 f Kr). Denna region kallades senare Samarien, som var en egen åtskild enhet och stod i konflikt med den södra delen, som kallades Judéen. Termen *Israels land* slog rot i den rabbinska judendomen först efter templets förstörelse 586 f Kr. Dessa rötter kontextualiserar den enda förekomsten av frasen i Bibeln, i Matteusevangeliet 2:21. Även om namnet Israel, som syftade på det nordliga riket, försvann, gjorde inte Israel som teologiskt begrepp det utan överlevde genom hela den bibliska berättelsen. Det är därför nödvändigt att skilja mellan historien och den bibliska berättelsen, mellan Israel som ett namn på det nordliga riket och mellan Israel som ett teologiskt begrepp som hänvisar till "Guds folk". Dessutom måste båda användningsområdena särskiljas från den nutida staten Israel.

Namnet Israel valdes på 1900-talet av en modern politisk institution, "Staten Israel", som därmed likställdes med en exklusiv etno-nationell och religiös stat i Bibelns berättelse och som nu används av den nuvarande israeliska regeringen som en förevändning för kolonisering av mark.[14] Den kristna eller rabbinska tillämpningen av termen är dock inte identisk i betydelse med den term som används i samband med den judiska anknytningen till territoriet i en nutida version av nationalism.

Först i början av 1900-talet, efter flera år i den protestantiska smältdegeln, förfinades det teologiska begreppet "Israels land" till ett geonationellt begrepp. Bosättarsionismen lånade termen från rabbinsk tradition delvis för att ersätta termen *Palestina*, som vid den tiden användes allmänt inte bara i hela Europa utan också av alla den första generationens sionistiska ledare. På nybyggarnas nya språk blev "Israels land" det exklusiva namnet på regionen.[15]

Namngivning är ett sätt att utöva makt, att hävda dominans över land och människor, och det utgör en viktig aspekt av bosättarnas koloniala projekt. Efter att ha erövrat Kartago myntade romarna ordet Afrika för att beteckna den erövrade regionen, ett namn som senare utvidgades till att avse hela kontinenten. En spansk erövrare döpte om Anahuac till Amerika. Genom att 1948 ge en modern stat ett bibliskt namn, Israel, använde sig judiska europeiska bosättare av en gammal biblisk berättelse som redskap för att skapa en ny exklusiv nationell identitet, samtidigt som de raderade namnet Palestina och marginaliserade dess ursprungsbefolkning – ett annat viktigt inslag i bosättarnas koloniala praktik. Fyrahundrafemtiotvå palestinska byar raderades från kartan som om de aldrig hade existerat, med bara kaktusträden kvar som vittnen till denna etniska rensning. Under de senaste sjuttiofem åren har staten Israel raderat så många arabiska ortsnamn som möjligt och ersatt dem med judiska och ofta bibliska namn. Detta förfarande syftar till att utplåna landets inhemska historia och identiteten hos dess ursprungsbefolkning.

Om man tar den bibliska berättelsen rakt upp och ned som den är och inte tar hänsyn till historien, leder den automatiskt till tunnelseende. Kristna som är bekanta med den bibliska berättelsen blandar ihop den med historien och ställer sig omedvetet på staten Israels sida när de ser palestinierna som inkräktare i landet. Israeliska bosättare ses ofta av kristna som de lagliga arvtagarna till landet medan de infödda palestinierna är främlingarna. Vissa judiska israeler och palestinier har israelitiska förfäder, men kampen i dag handlar om identitet. Den bibliska berättelsen som speglar den urgamla identiteten hos folken i landet tolkas som en exklusiv rättighet, och Bibelns israeliter förväxlas med dagens israeler. Sionismens och de sionistiska kristnas förvrängning av historien och användning av den bibliska berättelsen som politiskt redskap får ödesdigra konsekvenser för det palestinska folket.

## Den bibliska berättelsen
## och den israeliska bosättarkolonialismen

Att förvränga historien för att främja en dålig bibeltolkning gör att staten Israels bosättarkoloniala natur inte ifrågasätts. I stället uppfattas erövringen av Palestina och bildandet av staten Israel som en uppfyllelse av löftet om landet och "ett tecken på Guds trofasthet". Det firas som ett modernt mirakel och som om det vore en upprepning av den bibliska erövringshistorien under Josua.

Toran och Josuaboken, som är den viktigaste delen av den bibliska berättelsen för judiska och kristna sionister, innehåller på ett skrämmande sätt alla de element som kännetecknar bosättarkolonialism som politisk strategi.[16] Israeliterna som tog sig över Jordan till Kanaan anses ha en gudomlig rätt till landet. De framställs som tillhörande landet och som de rättmätiga arvtagarna, medan de infödda beskrivs som onda och dekadenta (1 Mos 9:25), som måste ersättas, fördrivas och utrotas (5 Mos 7:2), och deras inhemska gudom utplånas (5 Mos 12:2–3), och deras erövrade städer döpas om och återtas. Josuas bok är den perfekta instruktionen för en bosättarkolonial ideologi och teologi.

Samtidigt som bibeltexterna i sig är mycket problematiska, är det sätt på vilket de har tagits emot ännu mer problematiskt. Dessa bibelställen har upprepade gånger använts för att rättfärdiga landövertaganden och kolonisering i Palestina och andra länder. Bibeln har använts som ett verktyg för kolonisering sedan sextonhundratalet. Landlöftet användes upprepade gånger som förevändning för landkonfiskering och kolonisering i Nordamerika, Afrika och Australien, för att nämna några. Med Bibeln som vapen berövade nybyggarkolonialisterna ursprungsbefolkningarna deras mark och försörjning, slaktade, fördrev eller stängde in överlevande i små territorier som kallades "reservat" i Nordamerika, "bantustans" i Sydafrika eller "område A" i Palestina. Med Bibeln som vapen lät nybyggarkolonialisterna sin makt avgöra vad som var rätt, och legitimerade sin exploaterande erövring och kolonisering med Bibelns språk. Med Bibeln som vapen demoniserade bosättarkolonialisterna ursprungsbefolkningarna samtidigt som de upphöjde koloniseringen till en civilisation av vildar. Israel är inget undantag från detta mönster och måste förstås mot bakgrund av den europeiska koloniseringen. När vi i dag talar om landteologi kan vi inte bortse från den europeiska kolonisations historien eller skygga för det sätt som kolonisatörer tolkat Bibelns berättelser genom tiderna.

Israeliternas kolonisering av det forntida Kanaan var ett diskussionsämne i den nybildade staten Israel under andra hälften av 1900-talet. David Ben Gurion, Israels första premiärminister, valde att använda Josuas bok för att främja projektet med bosättarkolonier.[17] År 1958, på tioårsdagen av staten Israels bildande, vilket ledde till den palestinska *Nakba* eller katastrofen, samlade Ben Gurion israeliska generaler, politiker, arkeologer och bibelforskare för att läsa och tolka Josuas bok för att teologiskt rättfärdiga den etniska rensningen av palestinierna 1948 och för att skapa en israelisk identitet och judisk essens baserad på etnonationalism och militarism. För Ben Gurion fanns det inget annat sätt för den judiska diasporan att förstå essensen i Josuas bok med dess fokus på militär erövring och bosättningar på marken.

> Ockupation, bosättning, stam, nation – jag tvivlar på att ett splittrat och delat folk som inte har något land och ingen självständighet kan känna till den sanna innebörden av dessa ord och deras fulla innehåll. De som inte deltar i erövring kan inte veta vad erövringsakten innebär. Det är samma sak med bosättning. Först i och med Israels upprättande i vår generation fick dessa abstrakta begrepp hud, senor och kött, så att vi känner till deras innehåll och väsen.[18]

Josuas bok var också central för en annan israelisk general, Moshe Dayan. För Dayan ägde den verkliga erövringen och bosättningen av landet, som liknade Josuas erövring, inte rum 1948 utan under hans ledning i kriget 1967. Dayan såg sig själv som den verklige nutida Josua. I sin bok *Living with the Bible* skrev Dayan följande:

> Vi är den bibliska bosättargenerationen, efter Josuas erövring, och hjälmen och svärdet är viktiga krav. Det kommer inte att finnas något liv för våra barn om vi inte gräver skyddsrum, och utan taggtrådsstängsel och maskingevär kommer vi inte

att kunna bygga ett hus, plantera ett träd, asfaltera en väg eller borra efter vatten.[19]

Josua var alltså förebilden för Ben Gurion, Dayan och för de många judiska sionistiska bosättarna som såg Josuaboken som en plan för sitt bosättarkoloniala projekt och den etniska rensningen av det palestinska folket. Josua-tolkningens höjdpunkt skapades av rabbinen Zvi Yehuda Kook (1890–1982) som såg bosättarkolonialismen som gudomligt beordrad:

> Erövringen av Israels land för att etablera vårt styre i det är ett gudomligt förordnat krig... Josua gjorde det klart för invånarna i landet: detta land är vårt. Det är under vår överhöghet.[20]

Dessa tolkningar av Josuas bok, som följt på varandra, har satt ett bestående avtryck i det israeliska samhället och i modern hebreiska som språk. Ordet för den israeliska ockupationen, *kibbush*, härstammar från Josuas systematiska krig mot kananéerna i Josua 18:1. Ordet för bosättning, *nahalah*, är roten till dagens term för israeliska bosättningskolonier, *hitnahalut* och för bosättare, *mit-nahalim*, vilket framgår av Josua 19:35.

Det språkliga lånet av bosättarkoloniala begrepp från Josuas bok i dagens israeliska samhälle

> skapar scenen för den levda verkligheten i den mån som föreställningen om de judiska medborgarna i Israel som reinkarnationen av Josuas armé upphöjer den manlige soldaten, samtidigt som palestinierna tilldelas rollen som kanaaniter.[21]

I dagens judiska messianism är bosättarkolonialismen inte längre ett imperialistiskt företag utan en gudomlig plan som sanktionerar ett heligt krig och helgar militära operationer. När bosättarkolonialismen blir en gudomlig order blir mänskliga rättigheter eller

internationell rätt irrelevanta eftersom Guds lagar står över alla
mänskliga lagar.


## Kolonialism från nybyggare: Landteologins blinda fläck

År 1977 publicerade den välkände amerikanske gammaltestament-
lige teologen Walter Brueggemann sin bok *The Land*, en typisk bok
om biblisk teologi som påverkade en hel generation amerikanska pas-
torer och teologer. I denna bok reagerade Brueggemann på en fram-
växande amerikansk kontext, där många människor upplevde "en
känsla av att vara förlorade, fördrivna och hemlösa."[22] Denna exis-
tentiella och socialpsykologiska längtan efter en trygg plats fick Bru-
eggemann att hävda att landet är det "centrala temat i biblisk tro"[23]
och främst handlar om "frågan om att vara fördriven och längta efter
en plats."[24] Brueggemann beskrev tre viktiga aspekter av landet: som
en gåva, en frestelse och en uppgift. Det som framhölls här var det
logiska sambandet mellan landlöshet och landtillhörighet.[25]

I förordet till den andra upplagan av samma bok skrev Bru-
eggemann om fem viktiga utvecklingar inom studiet av Gamla tes-
tamentet år 2002, som inte fanns med i hans synfält när boken först
skrevs 1979. En av dem var följande:

> Erkännandet att påståendet om "det förlovade landet" i Gam-
> la testamentet inte är ett oskyldigt teologiskt påstående, utan
> ett kraftfullt ideologiskt påstående på en viktig politisk skala.
> Denna insikt är ett led i den ideologiska kritiken inom det om-
> råde som har vuxit fram som en viktig företeelse först under
> de senaste decennierna. Det kanske viktigaste uttrycket i den-
> na fråga är Jon Levensons erkännande av att Israels tradition
> demoniserar och avfärdar kananéerna som en parallell till den

antisemitism som kommer till uttryck i Nya testamentet. Det vill säga, Israels text utgår från de ursprungliga löftena i Första Mosebok 12–36 för att ta sig rätten till landet utan hänsyn till andra invånare, inklusive dem som kan ha funnits där före Israels uppkomst... Bristen i min bok återspeglar min otillräckliga förståelse vid den tiden, men också beskaffenheten hos de flesta gammaltestamentliga studier vid den tiden som fortfarande var oskyldigt godtrogna i fråga om den teologiska betydelsen av landtraditionen i Gamla testamentet ... På senare tid har forskarna uppmärksammat den fortsatta ideologiska kraften (och priset) för anspråket på "det förlovade landet". Å ena sidan har denna ideologi om landrättigheter... tjänat staten Israels fortsatta territoriella ambitioner, ambitioner som, när jag skriver (april 2002), förverkligas genom ohämmat våld mot den palestinska befolkningen.[26]

När Brueggemann skrev sin första bok om landet var han fyrtiosex år gammal. Den boken var hans trettonde, och han var mitt uppe i sin karriär. Kristna teologer och andra var mycket naiva, starkt påverkade av den så kallade kristna holocaust-teologin och vördnadsfulla inför staten Israel. Många fortsatte med att betona ett starkt band mellan Gud, land (Palestina) och folk (judar).[27] Brueggemann och många andra från den här tiden var vad Stephen Haynes kallar "liberala kristna sionister".[28]

Den andra upplagan av Brueggemanns bok kom ut när han stod på höjden av sin karriär. Den politiska situationen hade förändrats dramatiskt mellan 1977 och 2002, och den andra upplagan publicerades i samband med den andra palestinska intifadan. Israeliska stridsvagnar hade invaderat de flesta palestinska städer, Födelsekyrkan belägrades av israeliska trupper och president Arafat satt fängslad i sitt hus. Ändå tillskriver Brueggemann sin förändrade uppfattning ideologikritikens framväxt, trots att ideologikritiken växte fram ungefär samtidigt som hans första upplaga publicerades.

I sin bok om landet var Brueggemann angelägen om att vara relevant för sin amerikanska kontext och att relatera frågorna om landet som gåva, löfte och utmaning till frågor som existerade i den amerikanska kontexten. Han insåg inte hur denna teologi hade missbrukats i samband med grundandet av hans eget land, USA, där biblisk landteologi och ideologi användes i samband med erövringen av Nordamerika och ockupationen av urbefolkningens landområden där. Brueggemann var fokuserad på Bibeln och inte på den historiska bibeltolkningen. Jag vill inte ifrågasätta Brueggemanns oskuld, och det gläder mig att han erkänner sin naivitet, men ledde detta erkännande till att han ändrade sin teologi på något radikalt sätt? Tyvärr inte. Han fortsatte att vara en liberal kristen sionist.

År 2015 publicerade Brueggemann en liten skrift med titeln *Chosen? Reading the Bible amid the Israeli-Palestinian Conflict.* [29] Inledningen av denna bok låter lovande, eftersom Brueggemann är öppen med att han har ändrat sin övertygelse. Hans kontakter med palestinska kristna teologer och judisk-amerikanska fredsaktivister spelade en roll i denna omvändelse:

> Min egen övertygelse om denna konflikt har liksom många andra människors förändrats avsevärt med tiden, en förändring som jag anser ha påverkat den förändrade politiska verkligheten. Med tanke på den kristna antisemitismens långa historia och den djupa splittring som Shoah innebar, har vi säkert haft rätt att tacka för grundandet av staten Israel och för att ett judiskt hemland har säkrats. Men frågorna har förändrats dramatiskt i takt med att staten Israel har utvecklats till en militär stormakt som fortsätter att ha administrativ-militär kontroll över de palestinska territorierna.[30]

Men mycket snart därefter dyker teologiska påståenden relaterade till israelisk bosättarkolonialism upp igen i inledningen till denna skrift:

I mitt eget tänkande, som är starkt påverkat av mitt arbete

som bibelforskare, fokuserar jag inledningsvis på Israels anspråk som Guds utvalda folk. Denna övertygelse ifrågasätts inte i Bibeln. Det är dessutom ett teologiskt anspråk som på ett övertygande sätt stämmer överens med den verklighet som judarna levde i efter andra världskriget och Shoah. Judarna var verkligen ett utsatt folk, vars behov av ett hemland var en angelägenhet av högsta prioritet. I likhet med många kristna, både progressiva och evangelikala, var jag tacksam (och är det fortfarande) för att staten Israel grundades och blomstrade som ett förkroppsligande av Guds utvalda folk. Detta har uttryckts i min tidigare bok med titeln *The Land*. Jag ansåg att "det heliga landet" var den lämpliga platsen för Bibelns utvalda folk och att detta kan vara ett steg mot Israels bästa på ett sätt som förenar land och folk.[31]

Brueggemann kopplar här utan omsvep samman det bibliska löftet om landet med begreppet "Guds utvalda folk", en teologisk fras som har sina rötter i den kristna sionistiska ideologin snarare än i Bibeln. Brueggemann går sedan snabbt, förbryllande och okritiskt över till att koppla samman dessa bibliska föreställningsvärldar med modern judaism och talar om staten Israel som "ett förkroppsligande av Guds utvalda folk".[32]

I sin skrift blandar Brueggemann ihop olika definitioner av Israel: Nordriket, Israel som en teologisk konstruktion och den nutida staten Israel.[33] Även när han verkar kritisera staten Israels ockupationspolitik känner Brueggemann omedelbart ett behov av att uttrycka sitt orubbliga stöd för den. Han skriver: "Jag har inte ändrat uppfattning ett jota om Israels ställning som Guds utvalda folk eller om hur angeläget det är med staten Israels säkerhet och välbefinnande."[34] Detta är ren liberal kristen sionism.

I slutet av kapitel 3 tycks Brueggemann motsäga sig själv när han ställer frågan: Är dagens Israel det bibliska Israel? På detta svarar han:

När det gäller tolkningsfrågor kommer kritisk tro att motsätta sig en direkt linje från forntida texter till samtida anspråk. Landfrågan är inget undantag från denna allmänna regel för kritisk tolkning. Alltså är det helt enkelt inte trovärdigt att göra någon direkt koppling mellan de forntida löftena om land och den nuvarande staten Israel. Detta av två skäl: För det första har mycket hänt mellan bibeltexten och dagens politiska praxis som talar emot en så enkel och naiv tolkning. För det andra, eftersom staten Israel, kanske av nödvändighet, har valt att vara en militärmakt som ägnar sig åt maktpolitik tillsammans med världens övriga nationalstater, kan den inte samtidigt vädja till en gammal trostradition på ett övertygande sätt. Staten Israel kan således, som alla andra nationalstater, ställa sina legitima politiska krav och kräva legitim säkerhet. Men att vädja till de gamla trostraditionerna angående löfteslandet för att rättfärdiga sina anspråk blir föga övertygande, utom för dem som oskyldigt och okritiskt accepterar auktoriteten i den gamla berättelsen.[35]

Här tycks det finnas en påtaglig motsägelse. Brueggemann är inte en naiv evangelikal kristen och kopplar inte samman det bibliska Israel med staten Israel direkt, utan använder Shoah och antisemitism som hermeneutiska nycklar för att överbrygga de båda enheterna. Brueggemann är inte alls bekymrad över denna typ av teologi, utan oroas av att "staten Israel har utvecklats till en militär stormakt som fortsätter att utöva administrativ-militär kontroll över de palestinska territorierna."[36]

Utifrån sin teologiska förståelse av den bibliska frågan om landet ifrågasätter Brueggemann inte Israels "bibliska" och "ovillkorliga" rätt till landet; han är bara bekymrad över Israels sätt att behandla palestinierna. Därför anser Brueggemann att dagens Israel befinner sig i ett liknande sammanhang som det bibliska Israel på Esras tid. De som kommer "tillbaka" till landet utvecklar exkluderande teologier om den andre. Som ett resultat av detta ser Brueggemann "frågan om den andre" som "tolkningsnyckeln till hur man läser Bibeln. Den andre kan, som i det sionistiska perspektivet, uppfattas som ett stort hot mot statens säkerhet och välbefinnandet hos "den heliga säden" (kvarlevan av sanna troende). Omvänt kan den andre uppfattas som en granne och medmänniska med vilken man kan arbeta för shalom."[37]

Rabbinen Michael Lerner, redaktör för tidskriften *Tikkun*, berömmer Brueggemann för hans sätt att älska "främlingen/den andre".[38] Jag hävdar dock att rabbinen Lerner och Brueggemann, genom att beskriva palestinierna som främlingen eller den andre, på ett farligt sätt förstärker ett bosättarkolonialistiskt fokus på Bibeln, som ser de engelska eller ryska israeliska bosättarna som arvtagare till landet.

Även om båda dessa skribenter är bekymrade över staten Israels diskriminering av palestinier, diskriminerar de palestinierna teologiskt genom att kalla dem "främlingar", trots att palestinierna och deras historia, kultur och identitet är djupt rotade i landet Palestina. Som palestinier med rötter i detta land hör jag den bibliska uppmaningen att vara vänlig mot de israeliska inflyttarna, men jag motsätter mig bestämt att bli kallad främling och att bli en främling i mitt hemland eller att bli diskriminerad politiskt av Israel eller teologiskt av kristna eller judar. Att göra ursprungsbefolkningen till en annan genom att kalla dem främlingar är ett tydligt inslag i bosättarkolonialismen, där ursprungsbefolkningen anses som ovidkommande och bosättarna betraktas som ursprungsbefolkning.

I det tredje kapitlet i Brueggemans skrift återkommer han till frågan om det "heliga" landet och upprepar vad han skrev för många år sedan om landet som en "gåva med villkor".[39] Han sammanfattar det på följande sätt: "Landet *ges* alltså *(villkorslöst)*, landet *tas (genom erövring och våld)* och landet kan *förloras (om Toran inte hålls)*."[40] Brueggemann ifrågasätter inte att Gud gav Israel landet Palestina; han tar Josuas militanta erövring som en biblisk gåva utan att koppla den till kolonisationens historia. Det enda problem han ser är att Israel inte håller sig till Toran, och Toran likställs med dagens stadgar för mänskliga rättigheter.

När bosättarkoloniseringen av palestinsk mark når oöverträffade dimensioner under 2000-talet blir det oacceptabelt att jämställa erkännandet av Torah med erkännandet av internationell lagstiftning om mänskliga rättigheter. Israeliska kolonier är nu utspridda över hela Västbanken och isolerar palestinska områden likt sydafrikanska bantustans och amerikanska reservatssystem utomlands. Bosättarna lägger beslag på mark och resurser och pålägger den inhemska befolkningen apartheidlagar under en politisk matris av total kontroll.

I dag ockuperar Israel palestiniernas mark, luft, vatten och till och med underjordiska elektromagnetiska fält. Expansionen av Israels bosättningskolonier på Västbanken gör det internationella samfundet mycket illa till mods, eftersom detta bryter mot internationell lag, inklusive Genèvekonventionen och stadgan om mänskliga rättigheter. Även om den israeliska regeringen erkänner internationella juridiska argument, så vänder man sig som en sista utväg till teologiska teser om biblisk rätt till Palestinas land. På så sätt försöker man kringgå kränkningarna av de "mänskliga rättigheterna" genom att åberopa "gudomlig rätt".

Att ignorera hur ideologin om det utlovade landet har tolkats i det moderna koloniala bosättarsammanhanget när man skriver om landet och Bibeln, är milt uttryckt oansvarigt. En bibelsyn som inte tar hänsyn till tolkningshistorien eller erkänner de många sätt som de bibliska skrifterna har använts för att rättfärdiga koloniala processer i historien, kommer i verkligheten att bekräfta och stärka själva den koloniala processen. Brueggemann ser den kristna antisemitismen som ledde till Förintelsen i väst, men han ser inte den kristna västvärldens koloniala historia som samtidigt fortfarande är aktiv i Nordamerika och Palestina i dag.

Inte någonstans i sin skrift hänvisar Brueggemann till begreppet kolonialism och dess koppling till landteologi. I sina resonemang om exkluderingen av svarta amerikaner, kvinnor och HBTQ+-personer hänvisar han aldrig till ursprungsbefolkningar på sin egen kontinent. Varför ifrågasätts inte erövringsteologin? Är Brueggemann, som är ättling till ett nybyggarsamhälle, okunnig om koloniseringen av Nordamerika och dess oroväckande historia, särskilt hur tesen om upptäckten av Amerika använts för att lägga beslag på ursprungsbefolkningens mark? Hur kan hans tänkande vara så totalt fokuserat på Bibeln att han inte på allvar undersöker hur den har använts i historien och i dag?

Brueggemann är inget undantag bland bibelforskare och kristna teologer. Ändå förblir det obegripligt för mig att ockupationen av palestinsk mark ses som "biblisk" och kopplad till frälsningshistoria, snarare än som en del av den moderna europeiska kolonialhistorien. Det är oroande när teologer ignorerar hur biblisk ideologi används som ett politiskt redskap med stora koloniala konsekvenser. Hur kan någon som Brueggemann fortsätta att ignorera det dagsaktuella sammanhang, där landteologi används för att motivera kolonisering av palestinsk mark?[41]

Som en kontrast till Brueggemanns landteologi skulle jag kort vilja lyfta fram en annan västerländsk teolog i ungefär samma ålder som Brueggemann, som kom fram till en annan typ av tolkning och slutsats. Norman Habel, en luthersk australiensisk forskare i Gamla testamentet, gav 1995 ut en bok med titeln *The Land Is Mine: Six Biblical Land Ideologies*. Som titeln antyder var Habel redan medveten om att landteologi "använder teologiska doktriner, traditioner eller symboler för att rättfärdiga och främja en grupps sociala, ekonomiska och politiska intressen i samhället."[42] I sin skrift *Acknowledgement of the Land and Faith of Aboriginal Custodians after Following the Abraham Trail från* 2018 gick Habel ett steg längre.[43] Han var medveten om att de flesta landteologier används av kolonisatörer och ignorerar de koloniserades perspektiv. Detta var inte bara en teoretisk iakttagelse utan en biografisk erfarenhet. I förordet skriver Habel:

Jag är ättling till en preussisk invandrare som kan jämföras
med Abraham som flyttade från sitt hemland, Ur i Kaldéen, till
värdlandet Kanaan. Och aboriginerna i Kanaan kan jämföras
med aboriginerna i Australien och andra länder... Senare gene-
rationer av läsare har uppfattat traditionen med det förlovade
landet ur ett kolonialt perspektiv. Berättelsen om Abrahams
vandring har då antagits som ett gudomligt rättfärdigande av
erövringar i så kallade ociviliserade länder i den nya världen:
länder som Australien, Amerika och Sydafrika.[44]

Habel lärde sig genom en äldre aborigin, George Rosendale, att läsa
landteologin ur de koloniserades perspektiv. Han citerar George och
säger:

> Det sades inte mycket (av missionärerna) om ursprungsbefolk-
> ningen i det land som israeliterna erövrade. Inga frågor ställdes
> om huruvida Josuas politik med den brända jorden var vad
> Gud verkligen ville för ursprungsbefolkningen. I dag tycker vi
> att Josuas sätt att arbeta låter väldigt likt de brittiska koloniala
> erövrarnas sätt att arbeta. Var britterna tvungna att följa Josuas
> väg?[45]

Habel inleder sin bok med Kanaan, det ursprungliga löfteslandet, "ett
värdland vars ursprungsbefolkning välkomnade invandrare som Ab-
raham och hjälpte dem att bosätta sig fredligt".[46] Habel är, till skillnad
från Brueggemann, mycket medveten om sitt sammanhang som tysk
nybyggare. Han erkänner att hans bosättarsamhälle ofta har "förring-
at aboriginernas kapacitet",[47] folket som varit Australiens förvaltare i
tusentals år, och att de har avfärdat aboriginernas tro som hedendom
och därmed förringat deras rika andlighet.

För Habel finns det två olika landteologier i Gamla testa-
mentet: den första representeras av Abraham som uppfattar sig själv
som en gäst i Kanaan, respekterar ursprungsbefolkningens tro och

ingår ett fredligt fördrag med dem; den andra representeras av Josua med sin militanta version av löftet. Den senare "klassiska ideologin om det förlovade landet verkar återspegla en fördom som bygger på tron att ett utvalt folk har ett gudomligt mandat att invadera och ta ett visst land i besittning och fördriva landets ursprungsbefolkning som folk utan rättigheter, folk som till exempel de australiska aboriginerna."[48]

Habel avslutar sin bok med att uppmana kyrkan och dess teologer att förstå Kairos-ögonblicket och att följa Abrahams modell genom att förändra sin teologi, sina attityder och sin praxis. Han skriver bland annat:

Ja! Ja!
DET ÄR DAGS!
I ljuset av Abrahams tro,
de positiva relationerna mellan Abraham
och de infödda väktarna av Kanaan,
inklusive tillbedjan av El, Kanaans skapande ande, ett förbund med samma kanaanitiska Gud,
ett fördrag där denne Gud, Abraham, kanaanéerna och Kanaans land är partners,
OCH
Mot bakgrund av hur australiensiska bosättare, påverkade av en ideologi om ett utlovat land, förskingrade ursprungsbefolkningen, förringade deras skapelsetro och andlighet och kränkte den mark som de höll helig.
DET ÄR DAGS
För kristna kyrkor
och ättlingarna till kristna bosättare att följa Abrahams exempel,
att göra ett offentligt erkännande, en kolonial bekännelse,
OCH
Att främja en fördragsprocess som garanterar och respekterar

identiteten, rättigheterna, suveräniteten, landet och andligheten hos ursprungsbefolkningarna.[49]

Habels synsätt skiljer sig här fundamentalt från Brueggemanns. Båda använder Bibeln och båda skriver om landteologi, men de kommer fram till olika slutsatser. Bibeln innehåller flera motstridiga berättelser, exempelvis om Abraham och Josua. Men det vi finner säger inte så mycket om Bibeln utan mer om oss som läsare. Brueggemanns "land"-tolkning säger mer om hans politiska övertygelse än om biblisk teologi, och detsamma gäller för Habel. Bibeln har både texter om befrielse och texter om kolonisering. Vad fokuserar våra tankar på? Vilken är vår hermeneutiska nyckel: Förintelsen eller kolonialismen? Våra nycklar avgör i hög grad hur vi tolkar Bibeln och vårt fokus.

Vi kan inte skilja Israels koloniala politik i Palestina från den moderna europeiska koloniala historien. I sin jämförande analys mellan urbefolkningen i Amerikas och palestiniernas litterära produktion kommer Steven Salaita fram till följande slutsats:

Resultaten av den etniska rensningen har varit förödande i den nya världen och i det heliga landet. Det är viktigt – kanske till och med nödvändigt – att kombinera begreppen "Nya världen" och "Heliga landet" med "etnisk rensning" när vi diskuterar någon av dessa regioner. Man kan med övertygelse hävda att om det inte hade varit för förstörelsen av ursprungsbefolkningarna i Nordamerika, så hade det inte blivit någon förstörelse av Palestina. Detsamma gäller för andra koloniala intrång: de brittiska övertagandena i Australien, det franska övertagandet av Algeriet, den europeiska kampen om Afrika. Sionismen, som var ett europeiskt fenomen i fråga om filosofi och utförande, skapades i en kultur som betraktade utländska bosättningar och befolkningsförflyttningar som genomförbara politiska lösningar, särskilt när det gällde så kallade "underlägsna" folk. För David Ben Gurion och andra framstående sionistiska ledare blev den euroamerikanska erövringen av urbefolkningens land en inspirationskälla.[50]"

Ingen ska tillåtas använda "bibliska rättigheter" för att kränka mänskliga rättigheter; inte judiska bosättare, israeliska politiker eller naiva kristna teologer. Vi får inte låta anklagelser om antisemitism och västvärldens skuldkänslor för Förintelsen leda till att vi blundar för Israels kolonialpolitik.

Kanske var missionärerna i Amerika på 1500-talet oskyldiga, och kanske var Brueggemann i slutet av 1970-talet naiv, men det är dags att denna teologiska oskuld får ett slut. Vi bör erkänna att kristna teologer, medvetet eller omedvetet, har spelat en viktig roll i att hjälpa till med den pågående koloniseringen av palestinskt land och folk. Landteologin har varit ett teologiskt verktyg för att förtrycka palestinier och beröva dem deras land.

Kristna teologer har försummat att se att det utlovade landet är konfiskerat land. Kristna teologers nitiska fokus på Bibelns texter, rädsla för att bli kallade antisemiter och skuldkänslor för Förintelsen har dolt den pågående koloniseringen av Palestina. Därför är befrielsen av det palestinska folket och ett förnyat teologiskt tänkande två faktorer som måste gå hand i hand.


## Mot en avkolonialiserad teologi för landet

En viktig faktor som inte har ägnats tillräcklig uppmärksamhet i teologiska behandlingar av Palestina är den geopolitiska situationen. En grundlig undersökning av landets och dess ursprungsbefolknings sammanhang är nödvändig. Dessa två element, land och folk, är de viktigaste hermeneutiska nycklarna till att förstå och tolka skrifterna.

## Geopolitik och landet

Det historiska Palestina är ett territorium som ligger i skärningspunkten mellan tre kontinenter, och det har funnits en bild av landet som ett slags hjärta i regionen, "jordens navel". Detta är en myt, för i verkligheten är Palestina ett land i utkanten, i periferin av den bördiga halvmånen, ett gränsområde för olika imperier. En närmare titt på kartan visar att Palestina är omgivet av fem regionala makter som har avgjort dess öde: Egypten i söder, Europa i väster, Turkiet i norr samt Mesopotamien och Persien i nordost. Genom historien har Palestina befunnit sig i inflytandesfären för en eller två av dessa fem makter och dragits åt olika håll. Palestinas bördiga slätter har utgjort slagfält för dessa motstridiga makter, och det är knappast en slump att det anses att striden vid Harmagedon ska äga rum i landets mest fruktbara dal.

På grund av sitt geopolitiska läge har Palestina varit ockuperat eller stått under beskydd av egyptier, assyrier, babylonier, perser, greker, ptoleméer, seleukider, romare, bysantiner, araber, korsfarare, ottomaner, britter och israeler. Medan dessa supermakter var politiskt väletablerade och hade byggt upp en kultur av politisk dominans, var Palestinas ursprungsbefolkning för det mesta maktlös och anpassade ständigt sin identitet och sina gränser i ett föränderligt sammanhang. Anpassning, motstånd och befrielse från ockupation är en röd tråd i Palestinas historia från det andra millenniet före Kristus fram till i dag.

Landet har ofta lytt under mer än en imperialistisk makt, vilket medfört att olika identiteter skapats. De regionala stormakternas inflytande över Palestina skapade antingen en buffertzon eller ett slagfält där regionala krig utkämpades. Ingen av dem kunde överleva utan stöd från andra beskyddare. När vi tittar på dessa drag i Palestina kan vi förstå hur geopolitiken i regionen avgjort och avgör landets öde, ett öde som är mycket svårt att undgå. För ett land under ockupation har temat befrielse haft en central roll genom historien och i Bibeln. Samtidigt är kontrollen över landet och ett enande av folket fortfarande en kamp i uppförsbacke. Vi kan inte förstå Bibelns landteologi utan att ta hänsyn till den geopolitiska verkligheten i Palestina, och vi kan inte förstå Bibelns budskap utan att analysera de maktstrukturer som rått både historiskt och som råder i dag.

### *Ursprungsbefolkningen och landet*

Många kristna teologer och sionistiska tänkare förväxlar Bibelns israeliter med dagens israeler. Dessa teologer förflyttar sig mellan år 70 e Kr och 1948 som om historien stått stilla i två årtusenden och som om Palestina var "utan folk" och väntade på att "återigen" bebos av "ett folk utan land". Dagens israeler är inte de direkta ättlingarna till Bibelns israeliter, och dagens palestinier är inte heller filistéernas direkta efterträdare. En sådan uppfattning bygger på en statisk historiesyn och ett fundamentalistiskt förhållningssätt till den bibliska litteraturen.

Under historiens gång har de flesta av Palestinas ursprungsbefolkning aldrig lämnat landet. Endast en liten minoritet av Palestinas folk blev deporterade. Imperier kom och ockuperade landet under ett antal år eller decennier, men tvingades så småningom att lämna. Majoriteten av ursprungsbefolkningen stannade kvar i sina förfäders land. De var *am-ha'aretz*, "landets folk", trots alla de imperier som kontrollerat landet under dess historia. Identiteterna förändrades i enlighet med nya realiteter och imperier. Människor bytte språk från palestinsk och fenicisk västsemitiska till arameiska och hebreiska, och senare till grekiska och arabiska. Deras identitet skiftade från kanaaneisk och filistinsk till judisk och israelitisk, till hasmonaisk, romersk, bysantinsk, arabisk, ottomansk och palestinsk, för att bara nämna några. De bytte religion från Ba'al till Yahweh. Senare trodde de på Jesus som Kristus och blev kristna, de första arameisktalande monofysiterna, innan de tvingades bli till exempel grekisk-ortodoxa. När de tvingades betala extra skatt under islamisk dominans blev de muslimer. Ändå har de genom århundradena bibehållit en dynamisk och flexibel identitet. I den meningen står palestinierna i dag i historisk kontinuitet med de bibliska kananéerna, filistéerna, israeliterna och judéerna och är landets ursprungsbefolkning.

Oavsett religiös tillhörighet (muslimer, kristna, judar och samarier) uppvisar det palestinska folket en påfallande stark kontinuitet från biblisk tid till nutid, och de är det ursprungsfolk som överlevt imperier och ockupationer. De utgör resterna av invaderande arméer eller bosättare som stannade kvar och integrerade sig i stället för att återvända till sitt ursprungliga hemland. Palestinierna är resultatet av denna långa och dynamiska historia. Deras sammanhang är viktigt för att förstå Bibeln. Det är dags att lyssna till berättelsen från de infödda människorna i landet. Palestinska judar hör till landets folk, och anhängare av den judiska tron har varit en del av regionen under de senaste två årtusendena. Men de koloniala bosättarsionisterna är inte en del av landets folk. De är inkräktare och underleverantörer till imperierna.

Dagens palestinier är landets ursprungsbefolkning eftersom de inte är en del av imperiet. Deras röst är inte bara ohörd utan ofta tystad. Såvida deras diskurs inte faller inom en europeisk ram, betraktas de inte som dialogdeltagare. Muslimerna i Palestina ignoreras eftersom de är muslimer och inte betraktas som en del av den judisk-kristna kulturen. Palestinska kristna marginaliseras eftersom de är palestinier. Och infödda, antisionistiska judar och samarier som varken är sionister eller ashkenazier ignoreras som icke-europeiska. Många västerländska teologer vill äga monopol på diskursen och bara erkänna de palestinier som använder just deras referensram.

Om vi verkligen vill förstå Bibelns budskap är det av yttersta vikt att lyssna till Palestinas ursprungsbefolkning. Deras lidande under ockupation, deras strävan efter befrielse, deras kamp och förhoppningar är alla relevanta för exegesen. För det palestinska folket är marken livet. Den är deras arv från förfäderna. De tillhör detta land och har ingen annanstans att ta vägen. De upplever att den israeliska politiken gör dem till främlingar i deras eget hemland. De ser hur judiska invandrare ockuperar deras land, bygger bosättningar och får medborgarskap, medan de, ursprungsbefolkningen, marginaliseras och stöts ut. Palestina är deras hemland, men palestinier i diasporan tillåts inte komma in i sina fäders land, medan judar ges rätt att bosätta sig var som helst i Palestina oavsett varifrån de kommer. Palestinas land koloniseras med hjälp av militär utrustning som rättfärdigas med teologisk mjukvara. Palestiniernas naturliga rätt till sina förfäders land kränks.

Detta är inte en exklusiv palestinsk erfarenhet, utan speglas av många ursprungsbefolkningar i Nord- och Sydamerika, i södra Afrika och i Australien. Det är viktigt att lyssna till dessa ursprungsbefolkningars röst. Bibeln är den bok som innehåller dessa röster, rösterna från de koloniserade, inte från kolonisatörerna.

## Mot en avkoloniserad läsning av Bibeln

Bibeln innehåller böcker som Josua som kan tolkas som en plan för nybyggarkolonialism. Den skildrar också profeter som uppmanar till social rättvisa. Precis som på basaren i Gamla stan i Jerusalem kan man hitta många olika ingredienser i Bibeln. Det finns texter som sanktionerar kolonisering och texter som proklamerar befrielse. Vad vi upptäcker säger mer om oss och vad vi söker efter som läsare än om Bibeln själv. I fortsättningen av det här kapitlet vill jag visa på en avkoloniserad läsning av två bibelställen, ett från Gamla testamentet och ett från Nya testamentet, för att demonstrera den palestinska frigörelsens hermeneutik.

### Första Kungaboken, kapitel 21

Samariens kung Ahab hade ett palats i Jezreel, men han var inte nöjd med sitt stora palats utan ville komma åt sin granne Nabots vingård. Ahab ville ha Nabots vingård till vilket pris som helst. Först erbjöd han Nabot en "bättre", och han var också beredd att betala med silver. Kungen agerade förgäves, för Nabot ville inte ge bort sitt förfäders arv eftersom det var något av en gudomlig befallning för honom att behålla det. Ahab visste att han som Israels kung inte hade någon rätt att konfiskera en israelitisk bondes mark; enligt israelitisk tro var även de israelitiska kungarna underkastade gudomlig lag. Men Isebel, den sidonitiska kungens dotter, tänkte annorlunda och hade en annan uppfattning om kungahuset. Hon frågade sin man om han verkligen var Israels kung när han inte gjorde något åt Nabots vägran. Jezebels förebilder var de kejserliga härskarna som var absolut överlägsna. Här rådde ett förhållande mellan ockupant och ockuperad där lagen tjänade imperiet och dess expansionspolitik.

Isebel bad att två skurkar skulle skaffas fram för att vittna falskt mot Nabot och påstå att han hade förbannat Gud och kungen. Guds gudomlighet och statens säkerhet, som representerades av kungen, var av yttersta vikt. Nabot stenades till döds och Ahab kunde därefter fritt konfiskera alla hans ägodelar. I det här sammanhanget ingrep profeten Elia eftersom en orättvisa hade begåtts, Guds bud hade överträtts och domstolen missbrukats.

Historien om Nabot är historien om tusentals palestinier i dag vars mark konfiskeras för att utvidga de judiska kolonierna på Västbanken som exploaterar det palestinska folkets vatten och resurser. Nabots historia utspelar sig nästan dagligen på Västbanken. Det är ett tydligt brott mot både gudomlig lag och internationell lag, men mycket få teologer vågar höja en profetisk röst och nämna denna landkolonisering vid namn.

## *Matteusevangeliet 5:5*

En uttalande av Jesus som behöver en omtolkning är Matteus 5:5, "Saliga är de ödmjuka, de ska ärva landet". Denna text är hämtad från bergspredikan, enligt Matteusevangeliet. Jämfört med de andra saligprisningarna i bergspredikan har den här ofta förbigåtts och fått liten uppmärksamhet. Uttrycket "Saliga de som håller fred" citeras ofta, men vi hör sällan "Saliga äro de ödmjuka, de ska ärva landet". Faktum är att Lukas hoppar över denna vers helt och hållet. Det är intressant att Lukas gärna talar om de fattiga, de hungriga och de törstiga, men inte om de ödmjuka!

Denna vers måste ha ignorerats i hög grad från början eftersom den i många fall översattes felaktigt – ordet "jorden" valdes i stället för "landet". Men ursprungligen hämtades versen från Psaltaren 37, där det inte talas om "jorden" utan om "landet". Faktum är att "landet" upprepas flera gånger i den psalmen. Därför bör det stå: "Saliga är de ödmjuka, de ska ärva landet." (*I Bibel 2000 har översättningen denna lydelse, medan 1917 års översättning löd "Saliga äro de saktmodiga, ty de skola besitta jorden"* Ö.a.*).*

Psaltaren 37 talar inte om land var som helst, utan om ett specifikt land, Palestina. När Jesus sade att de ödmjuka ska ärva landet visste alla på den tiden vad som avsågs med begreppet landet. Han menade det heliga landet, Palestina. När Jesus ord översattes från arameiska till grekiska ändrades ordet, som betyder landet, till att betyda jorden. I själva verket betyder ordet *al-ard* på arabiska både jord och land. Översättning är också tolkning, och jord kom att ersätta land.

Evangelierna var nära knutna till ett visst land, Palestina. För den tidiga kyrkan som befann sig utanför Palestina var det mycket mer meningsfullt att tala om jorden. Varför skulle någon i Rom oroa sig för vem som skulle ärva Palestina? De var bekymrade för sina själar och kanske för sitt eget land, men inte för ett avlägset land. Ändå kan man inte förstå evangelierna rätt om de inte är kopplade till sitt ursprungliga sammanhang i Palestina.

Jag kämpade med den här texten i många, många år. Den var helt enkelt inte begriplig. Jag tycker inte om att förandliga saker eftersom jag tror att Jesus alltid talade om verkligheten och vägrade att undvika den, vilket var kärnan i hans andlighet. Under lång tid trodde jag att Jesus hade misstagit sig. Man behöver bara se sig omkring på Västbanken för att inse att 60 procent av dessa områden kontrolleras av den israeliska armén och judiska bosättare. Denna uppenbara verklighet är en av de största markstölderna i modern historia, värd hundratals miljarder dollar. De israeliska bosättningarna som omger Västbanken visar med all tänkbar tydlighet att imperiet har ärvt landet. Att lyssna till Jesus ord genom palestinska, nordamerikanska ursprungsbefolkningen, svarta sydafrikanska eller aboriginska australiensiska öron gör inte det hela mer begripligt. Han måste ha misstagit sig! Det är tydligt att den militära ockupationen kontrollerar landet och dess resurser. Allt kontrolleras av imperiet. Det är imperiet som ärver landet, inte de ödmjuka. Jesus hade fel, för de ödmjuka är krossade. Deras land konfiskeras för att ge plats åt människor som imperiet fört in. Jesus hade fel.

Men de senaste tio åren när jag kämpat med den här texten har jag kommit att läsa den med nya ögon. Jag upptäckte något mer kraftfullt än jag förväntat mig. Matteus 5:5 talar faktiskt direkt till verkligheten på ett sätt som vi aldrig skulle kunna föreställa oss. Det är nödvändigt att använda *longue durée-glasögon*, för om versen läses med vanliga glasögon kommer vi aldrig att förstå dess verkliga innebörd.[51] Vårt misstag har varit att läsa historien enbart med det nuvarande imperiet i åtanke. Det rådande imperiet har tagit all vår uppmärksamhet. Om man bara ser på konflikten mellan Israel och Palestina utifrån de senaste sextio årens perspektiv, blir Jesus ord inte alls begripliga. Men Jesus hade vidvinkellinser och såg på historien ur ett långsiktigt perspektiv.

För människor på Jesus tid började ockupationen med romarna. Jesus hade en mycket större förståelse för Palestinas historia. Han såg tusen år på en gång och såg en kedja av imperier. Det finns inte ett enda regionalt imperium som inte vid någon tidpunkt ockuperade Palestina. Det första var det assyriska år 722 f Kr som varade i över tvåhundra år. Assyrierna ersattes 587 av babylonierna, som 538 drevs ut av perserna. De senare tvingades av Alexander den store att lämna landet. Sedan kom romarna. Tvåtusen år efter Jesus kan vi fortsätta att rabbla upp listan över imperier som styrt över Palestina: bysantinerna, araberna, korsfararna, ayyubiderna, ottomanerna, britterna och slutligen staten Israel. Vi har lärt oss att naivt förknippa dagens Israel med Bibelns Israel snarare än med denna kedja av ockupationsimperier. Om vi fokuserar på det senare, blir Jesus ord helt begripliga. Inget av dessa imperier bestod i Palestina för evigt. De kom och stannade i femtio, hundra, tvåhundra, maximalt fyrahundra år. I slutändan blåste de alla bort, försvann med vinden.

När ockuperade människor möter imperiet blir de i allmänhet så överväldigade av dess makt att de tror att imperiet kommer att bestå för evigt och har evig makt. Jesus ville tala om för sitt folk att imperiet inte skulle bestå, att imperier kommer och går. När imperier kollapsar och försvinner är det de fattiga och de ödmjuka som blir kvar. De människor i landet som har det bra emigrerar och försöker bli rikare i imperiets centrum. De som är välutbildade tas i anspråk av imperiet. Vem stannar kvar i landet? De ödmjuka, det vill säga de maktlösa! Imperier kommer och går, medan de ödmjuka ärver landet. Jesus visdom är häpnadsväckande. Det verkar som om vi har varit förblindade av en teologi som inte har hjälpt oss att förstå vad Jesus verkligen sa.

En del kanske inte håller med och hävdar att den israeliska ockupationen är annorlunda. De säger: "Titta på bosättningarna. Hur kan du påstå att de kommer att vara borta en dag? Titta på muren. Hur kan du säga att den kommer att rivas?" Men Israel skiljer sig inte från forna tiders imperier. Den infödda befolkningen i Palestina som levde på Jesus tid och såg de militära kontrollstationer som Herodes den store upprättade, såsom Herodian och Masada, kunde aldrig föreställa sig att Herodes och hans imperium inte skulle vara där för all framtid. För dem som såg de "bosättningar" som byggdes av Herodes och hans söner, såsom Caesarea Maritima, Caesarea Philippi, Sepphoris, Tiberias, Sebastopol, Jerusalem och andra, skulle det varit nästan otänkbart att ifrågasätta det romerska imperiets varaktighet. Jesus sade till de palestinska judarna att romarna som hade byggt dessa kolonier inte skulle vara där för evigt, och att Palestina skulle ärvas av de ödmjuka. Detta är en direkt kritik av romarnas koloniala praktik. Detta är inte en billig förhoppning om en avlägsen framtid, utan en undervisning om avkolonialisering. Jesus ville befria de maktlösa från imperiets makt. I samma stund som han uttalade dessa ord förlorade imperiet sin makt över folket, och makten överfördes dit den rätteligen hörde hemma, hos folket.

## Slutsats

Landfrågan är inte bara en teologisk fråga utan en fråga av hög politisk relevans. Historiskt har föreställningen om det förlovade landet använts av västvärldens kristna imperier för att kolonisera och exploatera länder och kontinenter. I dag skulle ingen våga åberopa en sådan teologi som en förevändning för kolonisering, förutom staten Israel. Under de senaste hundra åren har Israel ofta använt Bibeln för att rättfärdiga koloniseringen av palestinsk mark.

Den sionistiska rörelsen utvecklade medvetet ideologin om "Gud, folk och land" som en oskiljaktig enhet, och detta anammades av konservativa kristna sionister, kristna förintelseteologer och andra liberala kristna sionister. Även om deras antagande av denna teologi kan ha berott på formella anti-judiska teologier eller på skuldkänslor över Förintelsen, blev resultatet att Israel fick teologisk straffrihet för att kolonisera palestinsk mark. För sionister och kristna sionister är det inget fel på bosättarkolonialismen. Tvärtom hyllas den som uppfyllandet av ett gudomligt landlöfte. Denna teologi strider mot internationell rätt och är ett brott mot stadgan om mänskliga rättigheter. Ändå fortsätter sådana teologier att anammas av naiva eller välmenande teologer, eller andra som värvats av den sionistiska rörelsen.

Det är hög tid att utveckla en teologi som ser koloniseringen av Palestina som en del av de europeiska nybyggarnas koloniala historia. Teologer bör vara oroade när löfteslandet blir det koloniserade landet, när ursprungsbefolkningar berövas sin mark och sina resurser och lämnas att bli marklösa flyktingar eller instängda i reservat. Under de senaste två decennierna har vi sett framväxten av nya teologiska röster i Australien, Kanada och på andra håll som erkänner de lagliga ägarna av landet. Något liknande har ännu inte setts i Israel. Teologer måste lyssna till och förstärka de inhemska rösterna från landets folk snarare än att vara ett ocensurerat eko av imperialistiska kolonialmakter.

Att den nuvarande israeliska regeringen genomför en etnonationalistisk politik med etnisk rensning av ursprungsbefolkningen baserad på en exklusiv "biblisk" myt-historia bör inte rättfärdigas teologiskt eller politiskt. Genom historien har Palestina varit pluralistiskt till sin natur. Fram till 1948 delade kristna, judar och muslimer på landet och levde sida vid sida. Vilken är vår vision för vårt land? Är vår vision en exklusivistisk etnocentrisk vision eller en inkluderande vision som respekterar mångfalden av folk och deras identiteter? Denna fråga är av yttersta vikt för Palestinas framtid och även globalt i en värld som står inför etnonationella spänningar, exklusiva ideologier och religiös fanatism.

I samband med landkolonisering måste teologer vara mycket försiktiga så att de inte förser kolonisatörerna med ideologiska verktyg för att stödja deras förtryck.

Vad kan hermeneutiken, så som vi har studerat den, bidra med i de *etiska* dilemman som uppstår när maktens texter blir terrorns texter? Kan vi stå neutrala som enbart "akademiska uttolkare"? Behöver hermeneutiken vara en politisk verksamhet? Vi måste vara medvetna om att den aktuella politiska apartheidpolitiken i Sydafrika hade sin början i en specifik biblisk hermeneutik som såg alla skapade ting som olika inför Gud, och att dessa olikheter tydligt måste erkännas.[52]

Vi kan också påminna oss om att apartheid i Sydafrika, åtminstone i viss utsträckning, uppstod ur bibelkritik och bibeltolkning. I dagens postkoloniala era är det lätt att se att det handlar om en mycket svår hermeneutik och att Bibeln inte bara ska läsas på olika sätt i ljuset av politiska och sociala erfarenheter, utan att den nya läsarens kraft måste vändas mot gamla fördomar som en gång betraktats som obestridliga sanningar.[53]

Vi kan inte separera Israels koloniala politik i Palestina från den moderna europeiska koloniala historien. Ingen trovärdig teolog skulle i dag acceptera en landteologi från de vita som rättfärdigar nybyggarkolonialismen i Sydafrika, Nordamerika eller Australien. Varför skulle de acceptera det från Israel? Varför ses Israels kolonisering av Palestina som unik, biblisk och annorlunda än alla andra?

Vi kan inte vara så teologiskt naiva att vi talar om "landet", det vill säga Palestina, utan att reflektera över hur judiska koloniala bosättare i dag använder landideologin. Ingen, vare sig judiska bosättare, israeliska politiker eller naiva kristna teologer, bör tillåtas att använda "bibliska rättigheter" för att kränka "mänskliga rättigheter". Vi får inte låta anklagelser om antisemitism och västvärldens skuldkänslor för Förintelsen leda till att vi vänder bort blicken från Israels koloniala politik. Missionärerna i Amerika på 1500-talet var kanske oskyldiga och Brueggemann i slutet av 1970-talet var kanske naiv, men nu är det dags att avsluta denna teologiska enfald. Vi bör erkänna att kristna teologer har spelat en nyckelroll, medvetet eller omedvetet, i att hjälpa till med den pågående koloniseringen av palestinskt land och folk. Det finns ett akut behov av en avkolonialiserad teologi för landet.

# KÄLLHÄNVISNINGAR
## Kapitel 3: Landet, Bibeln och bosättarkolonialism

1. "Temple Mount & Land of Israel Faithful Movement," www.templemount-faithful.org.

2. David S New, *Holy War: The Rise of Militant Christian, Jewish, and Islamic Fundamentalism* (Jefferson, NC: McFarland, 2002), 154.

3. Grace Halsell, "Militant Coalition of Christian Fundamentalist and Jewish Orthodox Cults Plots Destruction of Al Aqsa Mosque," March 14, 2000, https://　　www.wrmea.org/000-march/militant-coalition-of-christian-fundamentalist-and-　jewish-orthodox-cults-plots-destruction-of-al-aqsa-mosque.html.

4. New, *Holy War*, 155.

5. Ibid

6. Ibid, 160.

7. Joel Greenberg, "Sharon Touches a Nerve, and Jerusalem Explodes," *New York Times*, September 29, 2000.

8. Jonathan N. Tubb, *Canaanites*, Illustrated ed. (Norman: University of Oklahoma Press, 1999), 13–14.

9. Mary Ellen Buck, *The Canaanites: Their History and Culture from Texts and Artifacts* (Eugene, OR: Cascade Books, 2019), 30–55.

10. Ingrid Hjelm, "The Palestine History and Heritage Project (PaHH)," in *The Ever Elusive Past: Discussions of Palestine's History and Heritage* (United Arab Emirates: Dar Al Nasher, 2019), 11.

11. Nur Masalha, *Palestine: A Four Thousand Year History* (London: Zed Books, 2018), 72–73.

12. Three theories were developed about the origin of ancient Israel. The American School of Biblical Archeology, represented by William Albright and John Bright, defended the conquest theory by stating that the conquest under Joshua was real. The German school of Albrecht Alt and Martin Noth, on the other hand, advocated the peaceful infiltration theory, meaning that the Israelites were nomads from outside who infiltrated Palestine and settled there peacefully. A third school, represented by George Mendenhall and Norman Gottwald, argued for a peasant's revolt model, saying that the Israelites were Canaanite peasants who revolted against the existing

sociopolitical and economic structures of their time and retreated to the Highlands to form a new society.

13. Samuel Pagan, "The Theological and Historical David: Contextual Reading," in *The Biblical Text in the Context of Occupation: Towards a New Hermeneutics of Liberation*, ed. Mitri Raheb (Bethlehem: Diyar, 2012), 336–340.

14. More on these three different uses of the word *Israel* can be found in Philip R. Davies, *In Search of "Ancient Israel": A Study in Biblical Origins*, 2nd ed. (New York: T&T Clark, 2015).

15. Shlomo Sand, *The Invention of the Land of Israel* (London: Verso, 2012), 28.

16. For more on this issue, see Pekka Pitkänen, "Pentateuch–Joshua: A Settler-Colonial Document of a Supplanting Society," *Settler Colonial Studies* 4, no. 3 (2014): 245–276, https://doi.org/10.1080/2201473X.2013.842626; Pekka Pitkänen, "Settler Colonialism in Ancient Israel," August 1, 2020, https://www. academia.edu/31712835/Settler_Colonialism_in_Ancient_Israel; Pekka Pit- känen, "Reading Genesis–Joshua as a Unified Document from an Early Date: A Settler Colonial Perspective," *Biblical Theology Bulletin*, February 3, 2015, https:// doi.org/10.1177/0146107914564822.

17. Rachel Havrelock, *The Joshua Generation: Israeli Occupation and the Bible* (Princeton, NJ: Princeton University Press, 2022), 97–161.

18. Ibid, 109.

19. Moshe Dayan, *Living with the Bible* (New York: Bantam Books, 1979), 105.

20. Havrelock, *The Joshua Generation*, 177.

21. Ibid, 98.

22. Walter Brueggemann, *The Land: Place as Gift, Promise, and Challenge in Biblical Faith*, Overtures to Biblical Theology (Philadelphia: Fortress Press, 1977), 1.

23. Ibid, 3.

24. Ibid, 2.

25. Ibid, xi.

26. Ibid, xiii–ix.

27. W D Davies, *The Territorial Dimension of Judaism*, (Minneapolis: Fortress Press, 1991).

28. Stephen R. Haynes, "Christian Holocaust Theology: A Critical Reassessment," *Journal of the American Academy of Religion* 62, no. 2 (1994): 562.

29. Walter Brueggemann, *Chosen? Reading the Bible amid the Israeli–Palestinian*

Conflict (Louisville, KY: Westminster John Knox Press, 2015).

30. Ibid, ix–x.

31. Ibid, xiv.

32. Ibid

33. For more on this confusion, see Philip R. Davies, *In Search of "Ancient Israel": A Study in Biblical Origins*, 2nd ed. (New York: T&T Clark, 2015). Ingrid Hjelm et al, eds, *A New Critical Approach to the History of Palestine: Palestine History and Heritage Project 1* (London: Routledge, 2019). Andrew Mein and Claudia V. Camp, *History, Politics and the Bible from the Iron Age to the Media Age*, ed. James G. Crossley and Jim West, reprint ed. (T&T Clark, 2018).

34. Brueggemann, *Chosen?*, xvi.

35. Ibid, 37–38.

36. Ibid, x.

37. Ibid, 7.

38. Michael Lerner in his endorsement of the booklet; ibid, cover page.

39. Ibid, 28.

40. Ibid, 32.

41. Ibid, 8, 12.

42. Norman C Habel, *The Land Is Mine: Six Biblical Land Ideologies*, Overtures to Biblical Theology. (Minneapolis: Fortress Press, 1995), 10.

43. Norman C Habel, *Acknowledgement of the Land and Faith of Aboriginal Custodians after Following the Abraham Trail* (Eugene, OR: Wipf and Stock, 2018).

44. Ibid,7–8.

45. Ibid, 12.

46. Ibid, 14.

47. Ibid, 67.

48. Ibid, 42.

49. Ibid, 74.

50. Steven Salaita, *Holy Land in Transit: Colonialism and the Quest for Canaan* (Syracuse, NY: Syracuse University Press, 2006), 179.

51. *Longue durée* is an expression used by the French Annales School of historic

writing that gives priority to long-term historical structures over events.

52. David Jasper, *A Short Introduction to Hermeneutics* (Louisville, KY: Westminster John Knox Press, 2004), 123–124.

# 4

# Ett utvalt folk?

Frågan om utvaldhet är mycket mer problematisk än vad människor i allmänhet, eller till och med teologer, kanske tror. Och det på så många nivåer: teologisk, filosofisk och politisk. Teologiskt sett är utvaldheten inte ett specifikt och isolerat teologiskt *topos*. Det ställer den grundläggande frågan om biblisk hermeneutik: hur vi ska förstå den bibliska berättelsen och hur vi ska översätta den till vår tid. Det valet rör inte bara *en* fråga utan är kopplat till teologiska ämnen som utvalt folk, förbund och förlovat land, och det är integrerat i det större sammanhanget av kristna-judiska relationer.

Vilken hermeneutisk nyckel är lämplig för kristna i dag när de har att göra med en gammal text, särskilt Gamla testamentet? Vem väljs: individer, en grupp människor, en nation? "Israel"? Hur definierar vi "Israel"? En ras? En religion? En stat? Kyrkan?

I den här boken lyfter vi fram vikten av att skilja mellan fyra olika användningar av begreppet "Israel". Bibliskt och historiskt sett syftar namnet "Israel" i Bibeln främst på den norra delen av Palestina under en relativt kort tidsperiod som kallades kungariket Israel eller Omris hus (900-talet till 722 f Kr). Denna politiska enhet måste särskiljas från det bibliska Israel som ett abstrakt teologiskt begrepp för att beskriva "Guds folk". Båda skiljer sig från "det forntida Israel" som är en modern konstruktion som förväxlar vissa aspekter av den bibliska berättelsen med historien och därigenom projicerar en exklusiv etno-nationell och religiös stat i Bibeln.[1] Sedan finns det en modern politisk enhet som kallas staten Israel.

Dessa fyra olika "Israel" är inte utbytbara utan måste särskiljas från varandra, från judendomen och från människor med judisk tro. Samtidigt är det viktigt att skilja mellan å ena sidan judarna i Bibeln, det vill säga de människor som bodde i södra delen av Palestina, och dagens judar, och å andra sidan israeliterna i Bibeln och dagens israeler. Sammanblandningar leder till teologiska missuppfattningar och politiska felbedömningar.

Samtidigt syftar Palestina inte på en politisk, religiös eller etnisk enhet utan på en multietnisk, multikulturell och multireligiös region som har kunnat inkludera olika identiteter och folk inom sina gränser. När jag använder uttrycket *"landets folk"* eller *"Palestinas folk"* syftar jag på denna inkluderande karaktär hos de människor som bodde i *landet*, oavsett deras religiösa, etniska eller nationella identitet. Denna inkluderande karaktär hos Palestina och dess folk kvarstod fram till 1948, då namnet Palestina ersattes med Israel.

Förvirringen uppstod efter 1948, då förföljda judar från Europa upprättade en stat i Palestina och valde namnet Israel för den. Denna förvirring blev mer uppenbar efter kriget 1967. Under århundradena dessförinnan hade den vanliga kristna teologin hävdat att judarna, som tidigare hade valts av Gud, förkastades eftersom de inte accepterade Kristus som sin Messias och att de kristna nu är de nya utvalda och Guds utvalda folk. Denna överlägsna kristna "förkastelseteologi" blev den teologiska underströmmen till den sociala diskriminering som judarna i Europa utsattes för och som kulminerade i Förintelsen. Denna tragiska historia, i kombination med judiska teologers koncentrerade arbete mot *supersessionismen*, även kallad *ersättningsteologi* (det vill säga att kyrkan har ersatt Israel), fick många kristna teologer att ompröva sin traditionella syn på begreppet utvaldhet.

Även om de inte kunde ge upp tanken på att de kristna är det utvalda folket, började kristna teologer på 1950-talet att öppna upp sitt teologiska tält för att inkludera judarna och hävda att Guds löften i Gamla testamentet fortfarande är giltiga för dagens judar. I USA följde denna utveckling tätt efter den politiska klassificeringen av judar som vita i G.I.-lagen (tillsammans med irländska och italienska katoliker) under Rooseveltadministrationen.[2] Det är inte förvånande att västerländsk teologisk revision och rasmässig uppgradering gick hand i hand. Samtidigt som de kristna utmanade den traditionella kristna *ersättningsteologin* skapade de oavsiktligt en teologi som politiskt sett ersatte palestinierna, landets ursprungsbefolkning, med europeiska judar. Palestiniernas rätt till ett liv i frihet och värdighet i sitt hemland var det offer som europeiska teologer erbjöd som gottgörelse för den kristna antijudaismen och förintelsen.

Medan kyrkorna i väst började inkludera judarna i sin teologi, uteslöts muslimerna. Men om anhängare av de tre monoteistiska religionerna tror att Gud har utvalt dem, hur kan vi då hantera att judar, kristna och muslimer gör anspråk på att vara utvalda på flera olika sätt? Den judiske 1600-talsfilosofen Baruch Spinoza komplicerar frågan genom att fråga om det är rimligt att Gud utväljer en viss folkgrupp med gudomliga motiv.[3] Kan vi, som lever i en tid efter upplysningen med mänskliga rättigheter och grundläggande jämlikhet mellan människor, tro på en Gud som gör skillnad på människor genom att vissa väljs ut och andra inte, eller till och med genom att vissa väljs ut för att fördömas (1 Mos 6:8; 9:18–27; 5 Mos 7:2)? Och hur ska vi då rättfärdiga Guds befallning om folkmord på de icke utvalda, som kananéerna och de andra folken i landet (Femte Moseboken, kap 7)?[4]

Dessutom måste vi ta upp det sammanhang i den moderna historien där föreställningen om ett valt och utvalt folk utvecklades och användes. Vad var och är *Sitz im Leben* – tankarnas grund och ursprung – för den gudomliga utvaldheten i den moderna västerländska nationalismen? Vilken tolkningshistoria ligger i botten? Finns det ett ansvarsfullt sätt att tala om utvaldhet i dag, eller är det bättre att lämna det bakom sig? Det finns ingen möjlighet att behandla alla dessa svåra frågor i just detta kapitel, men jag ska göra mitt bästa för att ta itu med de mest angelägna frågorna som uppstår ur den palestinska kontexten.

# Utvaldheten
## – en utmaning för palestinska kristna

Som om dessa frågor inte vore komplicerade nog för det palestinska folket i allmänhet, och för palestinska kristna i synnerhet, utgör de teologiska och teoretiska utmaningar och inte minst ett existentiellt hot. Många palestinska kristna kämpar med frågan om hur man ska förstå frågan om utvaldheten i Gamla testamentet, som utgör en integrerad del av den bibliska kanon. Palestinska kristna känner att deras existens är hotad när den hebreiska bibeln tolkas som historien om judar som folk och när begreppet val används som ett politiskt vapen för att ge dagens israeler *carte blanche* för sin diskriminerande politik.

Palestinska kristna känner sig hotade när valet kopplas till föreställningen om ett *förlovat land* som en teologisk ursäkt för att ockupera deras palestinska hemland. För palestinier som har levt under flera former av israelisk ockupation i över sju decennier har Bibeln ofta använts för att legitimera ockupationen av både mark och folk i landet. Israel ockuperar inte Palestinas land enbart med den militära *hårdvara* (hard power) som tillhandahålls av USA och flera europeiska länder, utan staten Israel, sionistiska judar och deras många kristna sionistiska allierade använder Bibeln som vapen för att förse ockupationen med den *mjukvara* som behövs, det vill säga soft power. Den gudomliga utvaldheten är en integrerad del av denna *programvara.*

Den militära ockupationen av palestiniernas land och folk grumlas med bibliska begrepp som "Guds utvalda folk" och "löfteslandet". Politiska och militära orättvisor döljs av ett teologiskt språkbruk som likställer det bibliska Israel med dagens stat Israel. I detta sammanhang bedöms inte staten Israel på samma sätt som vilken annan stat som helst, utan snarare som en teopolitisk verklighet, som en stat med teologiska kvaliteter, och israelerna bedöms som ett folk med en unik gudomlig bestämmelse. Följden blir en skev politisk syn på staten Israel som får viktiga militära konsekvenser. I det palestinsk-israeliska sammanhanget används "gudomliga rättigheter" ofta för att rättfärdiga våldsamma kränkningar av palestiniernas mänskliga rättigheter.

Omvänt, inom denna till synes "bibliska logik", likställs palestinierna antingen med bibelns filistéer, som "Israels" fiender, eller som de icke utvalda, som förbannade kanaanéer. Som araber och arabiska kristna ses palestinierna som Ismaels ättlingar, dvs. människor med lägre teologisk status än Isaks ättlingar, vilka representeras av dagens israeler. Som araber likställs palestinier med muslimer, vilket leder till att kristna föredrar judar framför och emot muslimer.

Detta val kom också till uttryck i den ökande islamofobin efter den 11 september 2001 och komplicerar det redan komplexa ytterligare. Dessa rasistiska kopplingar är utbredda bland judar och kristna och förekommer ofta i undermedvetna fördomar om de inte uttrycks explicit i det sociala och politiska livet. Den bibliska tolkningen av utvaldhet lägger grunden för ras- och etnisk diskriminering. Även om vissa kristna kan sympatisera med palestiniernas humanitära situation, kvarstår deras känslomässiga och teologiska band till israelerna eftersom de ses som Guds utvalda folk med en unik rätt.

Trots vikten av det här ämnet har ingen palestinsk teolog hittills publicerat en monografi eller ett vetenskapligt arbete som uttryckligen diskuterar begreppet utvald eller *utvalt folk* i Bibeln. Innan jag i det här kapitlet redogör för min egen teologiska förståelse av utvaldhet, presenterar jag kortfattat tre olika palestinska teologer som i någon mån har behandlat frågan. Palestinsk teologi är mångfacetterad, och skillnaderna går inte nödvändigtvis längs konfessionella linjer.

Jag har här valt tre framstående palestinska personer från tre olika kristna samfund: den anglikanske teologen Naim Ateek, som representerar den protestantiska huvudlinjen, fader Paul Tarazi, en grekisk-ortodox teolog, och den latinske patriarken Michel Sabbah. Ateek och Sabbah skrev först och främst i egenskap av pastorer, medan Tarazi skrev i egenskap av forskare som undervisar i biblisk teo-

logi. Sabbahs herdabrev var ett kollektivt arbete av flera präster och
teologer i stiftet.

## Naim Ateek

Naim Ateek föddes i den palestinska staden Bisan 1937. År 1948,
under *Nakba*, förstördes hans by av israeliska styrkor, vilket tvingade
hans familj att lämna den och söka skydd i Nasaret. Ateek fullfölj-
de alla sina teologiska studier i USA och prästvigdes till anglikansk
präst 1967. År 1989, under det första palestinska upproret som kall-
lades *Intifada*, grundade Ateek Sabeel, det ekumeniska centret för
befrielseteologi. Samma år publicerades hans bok *Justice and only
Justice: A Palestinian Theology of Liberation.*[5] Detta var ett första
försök av en palestinsk kristen att formulera en befrielseteologi för
den palestinska kontexten.

Även om Ateek inte uttryckligen tar upp frågan om utvaldhet
i den boken, kastar den hermeneutik som presenteras tillräckligt med
ljus för att visa på hans förståelse av ämnet. Som pastor i en pales-
tinsk anglikansk församling kämpade Ateek i samband med intifadan
för att finna en hermeneutik som skulle göra det möjligt för hans
församlingsmedlemmar "att identifiera *Guds* autentiska ord i Bibeln
och att urskilja den sanna innebörden av de bibeltexter som judiska
sionister och kristna fundamentalister citerar för att underbygga sina
subjektiva påståenden och fördomar".[6]

För Ateek är den hermeneutiska nyckeln "ingenting mindre
än Jesus Kristus själv. Ty i Kristus, genom Kristus och på grund av
Kristus har de kristna fått en uppenbarad insikt i Guds natur och ka-
raktär."[7] Utifrån dessa kriterier skiljer Ateek mellan tre olika skikt i
Gamla testamentet som representerar olika stadier i människans för-
ståelse av Gud: den nationalistiska, den torah-orienterade och den
profetiska. Han fann att det var de nationalistiska strömningarna i
Josua, Domarboken och Samuels- och Kungaböckerna, som senare
mest anammades av fanatiker (seloter).

Dessa böcker kännetecknas av sin positiva rapportering om användandet av våld för att uppnå israeliternas nationella mål. De senare företrädarna för denna tradition ansåg att judarna hade en speciell, privilegierad relation till Gud.[8]

Den torah-orienterade strömningen fann han i Bibelns fem första böcker, som senare mest representerades av fariséerna och den rabbinska judendomen. Den tredje strömningen är den profetiska, som har en "djup, grundlig och mogen förståelse av Gud".[9] Profeterna "kunde presentera djupgående sanningar om Guds universella och inkluderande natur, även om dessa insikter ingår i en enorm mängd material som är snävt, nationalistiskt och exklusivt".[10]

För Ateek stod Jesus tydligt i denna profetiska tradition och representerade dess tydligaste form mitt i de rådande nationalistiska och legalistiska sammanhangen i sin tid. Kärnvärdet i den profetiska traditionen är rättvisa, vilket förklarar titeln på hans första bok *Justice and only Justice,* och en senare bok *A Palestinian Theology of Liberation: The Bible, Justice and the Palestine-Israel Conflict.*[11]

Utifrån denna hermeneutik förstår Ateek utvaldheten som ett symptom på den nationalistiska strömningen och en klaninriktad förståelse av Gud. Denna klancentrerade förståelse av Gud ifrågasätts redan i Gamla testamentet av profeter som Jona, Amos och Jesaja. Bibeln är alltså tydlig och rör sig från det speciella till det universella, från utväljandet av en nation till kallelsen av ett folk från alla nationer genom Kristus. För Ateek nådde denna rörelse sin höjdpunkt i Jesus; som kristna har vi inte råd att återgå till en klancentrerad eller nationalistisk uppfattning om Gud eller Guds folk.

### Paul Nadim Tarazi

Paul Tarazis familj kom ursprungligen från Gaza. Paul föddes i Jaffa. År 1948 fördrevs hans familj och fann en fristad i Egypten innan de flyttade till Libanon. Paul slutförde alla sina teologiska studier vid Orthodox Theological Institute i Bukarest, Rumänien. År 1975 flyttade han till USA där han prästvigdes och tjänstgjorde i två ortodoxa församlingar och senare undervisade vid St Vladimir's Orthodox Theological Seminary i Crestwood, New York.

Det är inte praktiskt möjligt att undersöka alla Paul Tarazis skrifter när det gäller hans förståelse och hantering av temat utvaldhet. Hans bibelkommentarer och inledande volymer är för många för att kunna behandlas.[12] I stället kommer jag här att fokusera på två publikationer: *Land and Covenant* som publicerades 2009, och hans artikel *Hermeneutical Shifts vis-à-vis Palestine in the Twentieth Century: Romans 9–11*.[13] Ingen av dessa artiklar tar direkt upp begreppet utvaldhet, men de diskuterar hermeneutisk nykritik i allmänhet och förbundet i förhållande till land i synnerhet.

Tarazis hermeneutiska nyckel är en annan än Ateeks. För Tarazi är det viktigt att inse att Bibeln, som Tarazi fortsätter att referera till som den bibliska berättelsen, har en tydlig början och ett tydligt slut. Den slutar med att "Jesus undervisning sprids till alla nationer fram till tidens slut". Som sådan är den bibliska berättelsen fullständig och avslutad. Den har ingen fortsättning och den tillåter inte heller att ett folks historia fortsätter bortom gränserna för den bibliska kanon.

> Att anse att den gör det är ren hädelse, eftersom antagandet skulle vara att det fortfarande finns något av värde för människorna vid sidan av eller utöver Guds undervisning i Gamla testamentet och Jesus undervisning i Nya testamentet. Det faktum att den bibliska berättelsen är fullständig och avslutad som Guds ord och hans yttersta budbärares ord återspeglas i att den bildar en 'kanon', vilket är en grekisk term (*kanon*) som betyder "regel" eller "härskare", det vill säga en auktoritativ referens.[14]

Till skillnad från Ateek gör Tarazi ingen åtskillnad mellan olika strömningar inom Bibeln. För honom är den bibliska berättelsen inte en mänsklig berättelse eller historia utan först och främst Guds berättelse, och den "enda 'historia' de innehåller är en upprepning av den bibliska berättelsen."[15]

För att klargöra denna punkt hänvisar Tarazi till tre egenskaper hos Bibeln. För det första "återspeglar den traditionella terminologin i de bibliska böckerna och avsnitten inte ett intresse för mänsklighetens historia". Titlarna på de tre huvuddelarna i Gamla testamentet – Lagen, Profeterna och Skrifterna – återspeglar snarare ett intresse för lära och undervisning.[16] För det andra var de bibliska författarna själva inte intresserade av några historiska händelser förutom att visa att Israels och Judas kungar var otrogna mot Guds lag. Andra historiska aspekter av monarkerna avfärdas med den stereotypa formuleringen att de är "beskrivna i Krönikeböckerna".

I Bibeln utfördes de ärorika gärningarna inte av folket självt eller av dess hjältar utan av Gud själv, vilket gör att hela Bibeln inte är något annat än Guds berättelse och lag. För Tarazi är det mycket tydligt "att Bibeln varken är en bok som beskriver ett visst folks historia eller en bok som innehåller en dechiffrering av framtida händelser. Den är avsedd att vara en instruktion, en lektion."[17]

Med denna hermeneutik i åtanke behandlar Tarazi Romarbrevet, kap 9–11. Där avfärdar han tesen om två oberoende vägar till frälsning. "Guds olivträd är ett och dess grenar är Abrahams enda avkomma enligt definitionen i 4:13–25."[18] Teorin om två förbund är ett uttryck för en "dispensationalistisk avvikelse" som enligt Tarazi sattes i gång före 1948 av Karl Barth, som i sin teologi om "kyrkan och Israel" påverkades av den tyske dispensationalistiske teologen Stroeter. Barth införde denna tolkningslinje i teologin efter första världskriget, och genom elever som Paul van Buren och Jürgen Moltmann kunde Barth påverka en hel generation av kristna teologer efter Förintelsen.[19]

Tarazi är kritisk till en sådan dispensationalism som ger judarna en särskild teologisk status. Enligt hans hermeneutiska synsätt är den teologiska status som följer av utvaldheten inte kanonisk, utan

den har lästs in i själva texten av senare teologer. "Hur kan något fort-
farande vara en kanon, en regel enligt vilken allt annat ska bedömas
och dömas, när det utsätts för vår ständigt skiftande förståelse eller,
för att använda en teknisk term, för sin *Wirkungsgeschichte?*"[20] Tarazi
syftar här på sin uppfattning att den bibliska berättelsen är fullständig
och avslutad. För att ytterligare förtydliga detta ger Tarazi ett exem-
pel från Nya testamentet:

> Alla Paulus brev är riktade till namngivna lokala platser och
> församlingar, även om samma brev samtidigt är riktat till
> många församlingar (Gal 1:2). Detta innebär att alla andra kyr-
> kor, även om de finns inom samma provins, endast adresseras i
> andra hand... Detta ger dock inte 2000-talets korintier eller tes-
> saloniker rätt att anta att de befinner sig i en mer privilegierad
> position än resten av oss. Skälet är uppenbart: den gemenskap
> som Paulus vänder sig till är inte bara avgränsad i rum (områ-
> de) *utan också i tid* ... Samma princip gäller för de gammaltes-
> tamentliga skrifterna.[21]

För Tarazi är det huvudsakliga hermeneutiska problemet att många
kristna och judiska teologer utgår från att de *själva* är "kyrkan" eller
"Guds folk" och därmed projicerar textsammanhanget till sin egen tid
och plats. En sådan förståelse ledde till att europeiska kristna under
medeltiden betraktade Jerusalem som *sin stad* och därmed inledde
korstågen.

> Det är på liknande grund som 1900-talets judar betraktade
> Palestina, och även större delen av Syrien, som sin egendom
> och som en följd av detta betraktade alla icke-judar som bod-
> de där som kanaanéer som skulle utrotas eller avlägsnas ge-
> nom någon form av apartheid. För den som säger sig tro på
> Skriften som en kanon är en sådan extrapolering en ren hä-
> delse mot Skriftens Gud som gjorde vad han gjorde och sade

vad han sade en gång för alla inom de speciella och tidsmäs-
siga gränserna för den redan slutna kanon.[22] "

För Tarazi är alla realiteter inom skriften "uteslutande skriftens rea-
liteter, inklusive Gud och Israel"[23] och är inget annat än ett utmanan-
de budskap, en *masal*. Varje försök att projicera det bortom skriftens
rumsliga och tidsmässiga gränser skulle lämna skriften i "händerna på
den högsta eller listigaste budgivaren".[24] För Tarazi är det uppenbart
att det är palestinierna som får betala priset för en sådan teologi. Uti-
från denna förståelse avvisar Tarazi varje exeges som läser Romarbre-
vet, kap 9–11, eller ord om utvaldhet "som en 'mystisk' förutsägelse
av judarnas öde under 1900- och 2000-talen."[25] En sådan läsning skul-
le göra Paulus till en spåman och inte till en apostel.


## Patriarken Michel Sabbah

Michel Sabbah föddes i Nasaret 1933. Han gjorde sina präststudier
vid Latin Patriarchal Seminary i Beit Jala och prästvigdes 1955. Hans
doktorsavhandling gjordes vid Sorbonne på arabiska. År 1988 blev
han den förste latinske patriarken i Jerusalem som inte var italienare
och som var född i landet. Patriark Sabbah var en av författarna till
Kairos Palestina-dokumentet.[26] År 1993, två månader efter under-
tecknandet av Osloavtalet mellan Israel och Palestinska befrielse-
organisationen, publicerade patriark Sabbah sitt fjärde herdabrev
med rubriken "Att läsa Bibeln i dag i Bibelns land".[27]

Sabbah skrev brevet till sina präster, nunnor och församlings-
medlemmar, främst arabiska palestinier och jordanier, som hade ge-
nomlevt den politiska konflikten och upplevt ångest och tvivel när de
konfronterades med Bibeln.[28] "Att läsa Bibeln, Guds ord, är en svår,
känslig och delikat uppgift", skrev han, "eftersom de frågor som ska
behandlas har anknytning till vårt dagliga liv. De berör till och med
vår nationella och personliga identitet som troende, eftersom ensidiga
och ofullständiga tolkningar riskerar att för vissa människor leda till

att deras närvaro och fortsatta liv i detta land, som är deras hemland, ifrågasätts."[29]

Herdabrevet syftade till att besvara tre frågor. Den första rörde förhållandet mellan Gamla och Nya testamentet. Den andra handlade om det våld som tillskrivs Gud i Bibeln och hur det ska förstås. Den tredje var: "Vilket inflytande har löftena, givandet av landet, utvaldheten och förbundet på relationerna mellan palestinier och israeler? Är det möjligt för en rättvis och barmhärtig Gud att utsätta ett annat folk för orättvisa eller förtryck för att gynna det folk han har valt?"[30]

Innan brevet besvarade dessa frågor diskuterades Guds ords natur och dess hermeneutik. Brevet klargjorde redan från början att hela Bibeln, Gamla såväl som Nya testamentet, är Guds ord. Det är dock ett gudomligt verk och ord som framställts genom mänskligt arbete och mänskliga ord.[31] För att fullt ut förstå Guds ord, och på ett gott katolskt sätt, är tron inom gemenskapen en förutsättning: "I dag kan vi utveckla en sann förståelse av Skriften endast i gemenskap med kyrkan, i ljuset av traditionen och genom ett levande gudstjänstliv och fortsatt studium av Bibeln."[32]

Dokumentet fortsätter med att presentera vad det kallar en "progressiv uppenbarelse", vilket innebär att "sanningen om Gud och frälsningsbudskapet inte bara kommunicerades vid ett tillfälle, en gång för alla. Gud anpassade sig till mänsklighetens historia och dess förmåga att förstå hans uppenbarade ord."[33] Denna utveckling blir synlig genom de olika förbund som Gud har uttryckt genom mänsklighetens historia, med början i förbundet med Noa som omfattade hela skapelsen; sedan förbundet med Abraham, fader till judar, kristna och muslimer; följt av Sinaiförbundet med Moses genom lagen; till förbundet med David som omfattade kungatronen och templet; och slutligen det nya förbundet med Jesus och upprättandet av kyrkan som Guds nya folk.[34]

Brevet gör det mycket tydligt att Jesus är den hermeneutiska nyckeln till att läsa skrifterna. På ett dialektiskt sätt uppfyllde Jesus detta samtidigt som han kritiserade alla de tre delarna av Gamla testamentet: Lagen, Profeterna och Skrifterna. Jesus representerar således både kontinuiteten i Guds frälsningshistoria och en diskontinuitet genom att införa ett nytt förbund.[35]

Efter denna omfattande hermeneutiska diskussion överför den sista delen av herdabrevet sin hermeneutik till frågan om val, förbund, löften och givandet av landet. I detta avsnitt diskuteras den politiska dimensionen av den existentiella frågan. Eftersom brevet publicerades i november 1993, två månader efter undertecknandet av Osloavtalet i Vita huset, undviker man att tala om ockupationen och använder en optimistisk ton som om en ny politisk era med hopp om verklig fred stod för dörren. Det upprepas att Bibeln först och främst handlar om mänsklighetens frälsning.

I brevet ställs uttryckligen den fråga som många palestinier funderar över: Varför utvälja ett folk? Det är intressant att brevet undviker att använda beteckningar på folk, exempelvis "det judiska folket". Detta kan ha varit ett medvetet drag för att undvika att Bibelns folk förväxlas med dagens israeler. Det är också intressant att brevet citerar Koranen, som talar om att Gud valde *Israels barn "Bani Israil"*.[36] Det är som om patriarken vill försäkra sina församlingsmedlemmar om att idén om att välja ett folk inte bara är biblisk utan också koranisk.

Brevet besvarar frågan "varför välja ett folk" genom att betona att Gud valde ett särskilt folk för att bereda vägen för ankomsten av hela världens Frälsare: "I Skriften valde Gud det judiska folket genom vilket han skulle kalla alla jordens folk till tro på Gud och på Messias som han skulle sända som världens Frälsare."[37] Detta motsvarar tanken på en progressiv uppenbarelse som förklarats tidigare.

Brevet fortsätter med att förklara att utvaldheten därför är "en omotiverad kärlekshandling från Guds sida". Den har inget att göra med någon förtjänst hos folket och kräver av det utvalda folket ett ansvar inför Gud och mänskligheten. Oväntat och utan någon inledning övergår brevet till att i en pastoral ton tala om utväljande av individer:

"Varje människa är föremål för Guds val och kärlek",[38] medan det i andra avsnitt tycks vända sig till de två nationella eller tre religiösa grupper som lever i det heliga landet: "Det är i den ödmjukhet som båda lever i, och i deras gemensamma syn på Guds handlande, som de kommer att förenas i kärlek, rättvisa och slutligen försoning."[39]

Brevet diskuterar sedan frågan om förbund och land och visar på idén om "progressiv uppenbarelse" som den vägledande principen från Abrahams tid, då han vandrade genom landet, till Josuas tid med en väpnad erövring, till den noggranna förvaltningen av landet enligt lagen. Profeterna varnade folket för risken att förlora landet och tvingas i exil på grund av avgudadyrkan, och under tiden i exil talade de om en ny början med ett nytt förbund och ett nytt folk. Men genom hela frälsningshistorien var det tydligt att landet tillhör Gud och att folket är gäster. I Nya testamentet förvandlas och förandligas sedan landet. Det himmelska Jerusalem ersätter det jordiska Jerusalem.

Begreppet landet hade då utvecklats genom olika stadier i den gudomliga uppenbarelsen, från det fysiska, geografiska och politiska begreppet till den andliga och symboliska innebörden. Tillbedjan av Gud är inte längre kopplad till ett specifikt land. Ett visst land är inte det främsta och absoluta värdet för tillbedjan. Det enda och absoluta värdet är Gud och tillbedjan av Gud på vilken plats som helst i världen.[40]

I den avslutande delen av dokumentet tar Sabbah upp det verkliga dilemma som de människor som lever i landet i dag står inför. Å ena sidan finns det judar som ser sig själva som ett folk med anknytning till Gamla testamentet och som sökte skydd i Palestina undan de europeiska pogromerna. Å andra sidan ser sig palestinierna också som ett folk och de har levt i landet i århundraden. Utöver dessa nationella realiteter finns det människor av tre trosriktningar – judar, kristna och muslimer – för vilka landet är heligt. Två folk gör anspråk på politiska rättigheter och tre religioner gör anspråk på religiösa rättigheter. För Sabbah är distinktionen mellan politiska rättigheter och religiösa rättigheter viktig.

Religiösa rättigheter innebär inte politiska rättigheter. Politiska rättigheter och anspråk måste följa internationell rätt. Religionen kan ge moraliska och mänskliga värden som kan hjälpa till att vägleda politiker. I herdabrevet finns dock en medvetenhet om att religionerna ofta är en del av problemet.

> Under vissa perioder i frälsningshistorien tillskrevs politiska eller militära handlingar Gud i direkt mening. Gud var arméernas Gud. Han stred tillsammans med sina trogna för att besegra hedningarna. Gud ansågs närvarande i historien på ett förkroppsligat (antropomorfiskt) sätt och ur ett nationellt perspektiv. I dag har mänskligheten bättre förutsättningar att uppfatta Guds transcendenta natur. Trons ord kan lyfta Gud över mänskliga konflikter så att han kan ses sådan som han är: en Gud som har utvalt ett folk, men som samtidigt är Fader till hela människosläktet, en Gud som inte längre är en krigets Gud som är vän med bara ett visst folk och i strid mot ett annat folk.[41]

Vi kan se detta som en vädjan från Sabbah om att Bibeln befrias från politisk manipulation och ses som Guds ord med uppmuntran till troende människor att söka rättvisa och försoning.

## Utvaldhet i en modern kontext

Med ett traditionellt teologiskt förhållningssätt skulle man stanna här och tro att det räcker med att analysera bibelställena och tillämpa resultaten i ett modernt sammanhang. Men det går inte att skriva om utvaldhet utan att titta på dess *Wirkungsgeschichte* och dess användning i modern historia. I detta sammanhang är det nödvändigt att kort nämna tre nya manifestationer av begreppet utvaldhet i den politiska sfären: nationalism och sionism, nybyggarkolonialism och amerikansk exceptionalism. Alla tre har haft en global inverkan på den internationella politiken och en direkt inverkan på den palestinska frågan.

## Nationalism

Begreppet utvaldhet återfick en framträdande plats i teologin i och med att religion och nationalism blandades under 1800-talets imperialistiska storhetstid. I en jämförande studie som genomfördes vid Harvard Divinity School 1991, *Divine Election and Western Nationalism*, undersökte flera forskare föreställningen om utvalda människor i det protestantiska Europa och USA mellan 1870 och 1914 och kom fram till följande slutsats:

> Ingenting inspirerade denna symbios mellan nationalism och kristendom mer än modellen med det utvalda folket, så som den framställdes med de hebreiska skrifterna som källor. Utan sådana symboler som den "gammaltestamentliga" berättelsen om ett utvalt folk, ett folk enat under Gud, skulle den ofta kraftfulla föreningen av nationalism och kristendom mycket väl kunnat vara mindre genomförbar i nationer som Storbritannien, Tyskland eller USA. Denna bibliska berättelse ... gav en mytisk struktur som kunde definiera en nations mål och strävanden.[42]

Harvardstudien visade tydligt hur ideologin om utvalda folk var en viktig del av den imperialistiska politiken i Tyskland efter 1870, Storbritannien och USA. "I dessa fall blev påståendet om utvaldhet, i olika grad, en del av både inrikes- och utrikespolitiken som de styrande grupperna utformade. I sådana fall fungerade tankesfären om det utvalda folket som ett sätt att legitimera dominans och som ett verktyg för att förtrycka dem som inte anpassade sig."[43] Idén om det utvalda folket användes inom den nationella diskursen för att bekämpa moderniseringen, avkristningen och sekulariseringen av Europa genom att skapa en allians mellan kristendom och nationalism.[44] I detta sammanhang projicerades nationalstaten in i Bibeln, och det bibliska Israel blev prototypen för den utvalda nationen. Det är inte konstigt att den kristna sionismen under denna tid upplevde ett uppsving med en iver att återuppliva det "forntida Israel" i Palestina.

Under inflytande av både den europeiska nationalismen och den kristna sionismen växte den judiska sionismen fram i Europa som ett av svaren på det judiska dilemmat med val som förföljelse, konvertering eller assimilering. I linje med den romantiska nationalismens ideal ville de europeiska judarna i sin strävan efter normalitet vara en "nation som alla andra nationer", med ett idealiskt land (Palestina), en (socialistisk) stat, ett speciellt språk (hebreiska), identifierbara nationella seder och bruk och ett unikt uppdrag att "än en gång bli det utvalda folket!"[45] Martin Buber varnade för att blint kopiera den europeiska nationalismen och samtidigt överge idén om utvaldhet som en religiös uppgift, eftersom följden skulle bli ingenting mindre än en "nationell assimilering".[46]

Här är det viktigt att påminna om att inte alla judar har anammat sionismen. År 1885 förklarade den amerikanska reformrörelsens Pittsburgkonferens: "Vi betraktar oss inte längre som en nation utan som ett religiöst samfund och förväntar oss därför varken ett återvändande till Palestina, en offerkult under Arons söners ledning eller ett återinförande av någon av de lagar som gäller den judiska staten."[47]

Tyvärr fick en tredje strömning inom den europeiska judendomen övertaget och utvecklades till att bli den bäst organiserade i den nuvarande staten Israel. Den representeras av de judar som bedriver en bosättarkolonial politik mot det palestinska folket och landet. Det är dock viktigt att beakta detta breda spektrum av judendom, från antisionistisk judendom till bosättarkolonial judendom, och de olika sätt på vilka judar har tolkat begreppet utvaldhet genom tiderna.[48]

### *Bosättarkolonialism*

Tron på ett slags *gudomlig utvaldhet* och uppdrag har varit ett viktigt inslag i nybyggarkolonialism i olika delar av världen och under olika perioder, från den spanska och portugisiska kolonialiseringen och bosättningen i Latinamerika, till den vita bosättningen i södra Afrika och den sionistiska erövringen och bosättningen i Palestina.[49] I sin bok *God's Peoples: Covenant and Land in South Africa, Israel, and Ulster* tittade Donald Harman Akenson på Presbyterianer i Ulster i Nordirland, Afrikaner i Sydafrika och judar i Israel.[50]

Det som de tre grupperna har gemensamt är ett "covenantal mind-set". Dessa koloniala grupper av nybyggare ser sig alltså själva som ett utvalt folk med ett heligt anspråk på ett utlovat land. De odlar en hängivenhet till en krigisk gud, en tro på hotet från en yttre fiende och en exodusupplevelse. Medan vissa länder som Kanada och Australien försöker konfrontera sitt lands historia präglad av bosättarkolonialism, driver staten Israel stolt och utan pardon sitt bosättarkoloniala projekt med full kraft genom att de facto annektera palestinsk mark och samtidigt utesluta den palestinska ursprungsbefolkningen.

### Amerikansk exceptionalism

Begreppet utvaldhet har spelat en framträdande roll i den amerikanska kulturen under de senaste fem decennierna. Kriget 1967 gav den amerikanska kristna sionismen ett uppsving. Som nämnts i ett tidigare kapitel sågs det faktum att USA förlorade kriget i Vietnam samtidigt som Israel vann över flera arabstater både som ett bevis på Israels gudomliga utvaldhet och som ett tecken på amerikansk jeremiad.[51] Föreställningen om utvaldhet översätts ofta i den amerikanska kulturen till amerikansk exceptionalism. Den amerikanska kristna högern ser:

> Amerika som det nya Israel, eller mindre direkt, som en gudomligt utvald nation i den moderna världen som är utsedd att rädda världen genom sin politik, ekonomi och kultur samt sin egen medfödda moraliska godhet, om den bara förblir trogen sitt sanna jag. Dessa berättelser väver samman delar av den bibliska berättelsen med delar av den amerikanska historien och myten, vilket resulterar i en synkretiserad nationalistisk

föreställning om den amerikanska utvaldheten som likställer trohet mot Amerika med trohet mot Jesus Kristus, och därmed gör den amerikanska nationella identiteten till ett evangeliskt imperativ.[52]

Bandet mellan staten Israel och USA är av strategisk, politisk och militär karaktär och grundar sig i en gemensam tro på att vara ett utvalt folk i form av en bosättargemenskap med kallelsen att styra. I dagens konkreta kontext uttrycks denna utvaldhet ofta som vit överhöghet och som en judisk (ashkenazisk) överhöghet med rasistiska undertoner. En sådan ideologi har haft ett djupgående och farligt internationellt inflytande på den amerikanska politiken i Palestina och den vidare arabvärlden.

Den inhemska faran i denna teologi framgick tydligt av det av president Trump anstiftade upproret i Kapitolium i januari 2021, då medlemmar av den amerikanska religiösa högern, däribland många kristna sionister, stormade Kapitolium och fem personer dödades.

## Mot en ny avkoloniserad förståelse av begreppet utvaldhet

De tre teologiska perspektiv som presenterats här är viktiga och användbara vart och ett på sitt sätt. Det finns dock ett viktigt element som saknas i dem. Även om alla tre författarna kämpar med de aktuella realiteter som utlöses av att ha en stat med ett bibliskt namn, "Israel", läser de Bibeln genom en rent kristen biblisk lins som inte ger tillräcklig uppmärksamhet åt Bibelns sociopolitiska sammanhang. Perspektiven tenderar därför att bli dogmatiska till sin natur och bara begripliga för kristna. I det här avsnittet kommer jag att presentera ett avkoloniserat perspektiv på begreppet utvaldhet, som jag utvecklade i mitt arbete som palestinsk teolog i början av 2000-talet.

## Berättelse eller historia

En grundläggande fråga inom den bibliska hermeneutiken är hur man ska se på Bibeln. Är den en berättelse eller en historia? En biblisk hermeneutik som prioriterar Bibeln som en bok om historia, oavsett om det gäller kännetecken för religiös fundamentalism och har ingen plats i ett avkoloniserat teologiskt förhållningssätt till temat utvaldhet. Bibeln är en berättelse, inte nödvändigtvis Guds egen berättelse utan berättelsen om människor som relaterat till Gud. Det är berättelsen om vissa grupper av människor vid vissa tidpunkter under ett årtusende, med vissa kulturella bakgrunder, bland annat semitiska och grekiska, inom en viss geografisk radie, bland annat Palestina och Mellanöstern, och deras relationer till Gud. Guds egen berättelse är större, rikare och svårare att greppa.

Guds egen berättelse kan inte begränsas till en så kort period av universums historia eller reduceras till en region eller ens till en planet. Guds berättelse är inte en exklusiv berättelse om människors relation till Gud. Som kristna tror vi inte att Bibeln har fallit ner från himlen till oss. Det är Ordet, Kristus, som har stigit ner till oss från himlen, inte orden (Joh 3:13). Orden skrevs av människor som vi, de skrevs i vissa sociokulturella, religiösa och politiska sammanhang och med specifika syften. Dessa författare inspirerades att skriva den här berättelsen tillsammans med Gud.

Judar, kristna och muslimer fortsätter att relatera till och känna sig inspirerade av denna speciella berättelse som vi känner som Bibeln. Berättelsen är inte självförklarande utan måste återberättas och tolkas på nytt. För att hålla berättelsen relevant har de monoteistiska religionerna varit tvungna att fortsätta att översätta berättelsen för varje generation och för varje sammanhang.

> Berättelser är aldrig oskyldiga i fråga om perspektiv, handling, ideologi eller kulturella värderingar. Vi berättar våra historier om det förflutna i ett historiskt sammanhang och betraktar det förflutna från en viss punkt: nutiden. Vi kan inte

vara objektiva, neutrala observatörer... Vår syn på det förflutna påverkas också av vår geografiska, politiska och sociala plats.[53]

Det är därför som tolkningen är så viktig. Den som tolkar tar makten, samtidigt som den som dominerar berättelsen gör den till sin berättelse. Ju mer man minns och upprepar berättelsen, desto lättare blir det att utveckla den till en mytisk historia. Med detta måste vi brottas då vi i dag hanterar begreppet utvaldhet.

## *Ett trosperspektiv*

Bibeln är en berättelse om människor som relaterar till Gud. Den är inte en objektiv observation eller undersökning av Gud. Den har ett trosperspektiv och kan endast förstås utifrån detta perspektiv. Den kan inte objektifieras eller ses från ett avlägset perspektiv. Fenomenet med individer eller grupper som ser sin historia med Gud som unik och som tror sig vara utvalda delas av alla monoteistiska religioner. Fromma judar tror att de, eller snarare deras folk, är det utvalda folket (2 Mos 19:5–6); fromma kristna, å andra sidan, tror att de har blivit det utvalda folket genom Kristus (1 Petr 2:9–10); muslimer har liknande övertygelser (Q 3:110).

Man bör respektera och hedra ett sådant uttryck för tro, men man behöver inte betrakta det som en objektiv sanning eller en historisk verklighet. Trons strukturer är mycket lika kärlekens strukturer. Precis som en älskande inte kan låta bli att se sin älskade som "den enda", unik och speciell, "liljan bland blommorna", kan en troende inte göra annat än att se sin anknytning till Gud som unik och, i viss mån, exklusiv.

Om denna trosförklaring objektifieras eller till och med görs till absolut av en viss individ eller grupp, förlorar den sin rättmätiga *Sitz im Leben* och utvecklas till en farlig ideologi. Det finns en mycket tunn linje mellan tro och ideologi. Kristna tror att Gud har utvalt dem genom Kristus, utan att de själva behöver anstränga sig för det. Men det betyder inte att de omedelbart måste förklara att de är de enda utvalda och att "de andra" inte är utvalda eller till och med förkastade. Inte heller ska de odla någon form av "objektiv" teologisk dogm om vem som är utvald eller inte, eller kunna urskilja om andra människor är utvalda eller förkastade.

Vi människor i den här världen kan inte avgöra vem som är utvald eller vem som inte är det, eller vem som är utvald och vem som är förkastad. Detta är Guds sak. Det betyder inte att detta inte händer. Det förekommer i Bibeln, det har förekommit om och om igen i historien och det förekommer i dag. När detta inträffar är det ett tecken på mänsklig och religiös hybris som inte hör hemma i trons värld. Sådan hybris har mer att göra med ideologi än med teologi.

### Särskild kontra unik

Även om den bibliska berättelsen är en särskild berättelse relaterad till en viss tid och plats, blev den historisk på grund av sin relevans för de olika kontexterna av imperialistiskt hegemoniskt förtryck över hela världen. Genom att dela sin speciella berättelse (den bibliska berättelsen) kunde många människor som utsattes för imperialistiskt förtryck relatera till denna berättelse och finna mening i kampen mot imperiet. Berättelsens särart betyder dock inte att den är unik. Det är därför som utvaldhet aldrig kan vara detsamma som rätten till ett visst land eller ett visst folk.

I ett sammanhang som stod inför ett imperium var det dags för profeterna att varna: "Ni är de enda jag har tagit mig an av alla folk på jorden. Därför ska jag ställa er till svars för alla era synder." (Am 3:2; se även Hos 13:4–8). Men samma profet, Amos, som sade detta om utvaldhetens särart, var också den som påminde sitt folk genom att å Guds vägnar säga: "Skulle ni vara förmer än nubierna för mig, ni israeliter? säger Herren. Jag förde Israel ut ur Egypten, men också filistéerna från Kaftor och araméerna från Kir." (Amos 9:7). Amos visar att uttåget inte var en enstaka räddning som bara omfattade det bibliska Israel. Gud behandlade också den andra grenen av folket i

Palestina, filistéerna, på ett liknande sätt och hade en särskild utvandringshistoria med araméerna. Gud upphör inte att vara Skapare och upprätthållare av hela världen.

Det speciella med den bibliska berättelsen om Gud betyder inte att Gud inte hade eller har något intresse för andra folk. Profeten Jesaja underströk detta genom att i berättelsen inkludera de två största imperierna som omger Palestina: "Den dagen ska det finnas en banad väg från Egypten till Assyrien, och assyrierna ska komma till Egypten och egyptierna till Assyrien, och egyptierna ska frambära offer tillsammans med assyrierna. Den dagen ska Israel vara jämställt med Egypten och Assyrien och bli en välsignelse på jorden, när Herren Sebaot välsignar jorden och säger: "Välsignat är Egypten, mitt folk, Assyrien, mitt eget verk, Israel, min egendom." (Jes 19:23–25).

Denna nyansskillnad mellan särskildhet och unikhet bekräftas i Jonas bok, när profeten talade till sitt folk som trodde att de hade monopol på Guds berättelse och barmhärtighet. Berättelsen om Jona gör det tydligt att Guds planer omfattar alla världens folk. Gud tyckte synd om Nineve, dess invånare, ja, till och med djuren där (Jona 4:11), trots att Nineve var huvudstad i det assyriska riket. Nya testamentet fortsatte denna trend och visade tydligt att även om berättelsen är speciell, bör den inte förstås som en unik rättighet. Kärnan i berättelsen var från början avsedd att vara en inkluderande inbjudan till alla människor utan undantag. Det är denna fråga som Paulus behandlar i sina brev och särskilt i Romarbrevet 9-11.[54]

Det är viktigt att understryka att Paulus i dessa tre kapitel behandlar en personlig kamp som han hade som apostel: det faktum att hans trosfränder inte trodde på Kristus. I slutändan tolkar Paulus kärnan i Guds berättelse som en berättelse som visar Guds löfte mot alla odds. Paulus ägnar sig här inte åt några spekulationer om framtiden. Att läsa dessa kapitel som en guide till framtiden är en fundamentalistisk tolkning. Dessa tre kapitel handlar inte om förhållandet mellan judendom och kristendom eller mellan den moderna staten Israel och kyrkan. Detta är en pålaga på texten. Om det finns en lärdom som denna text ger oss så är det att valet är Guds sak och att ingen har monopol på det. Guds frälsning överträffar allt förstånd, och Gud förblir överraskningarnas Gud som alla våra teologiska system kommer till korta med att inrymma.

## Ett geopolitiskt perspektiv

Kristna dogmer kommer inte att hjälpa oss att förstå *Sitz im Leben i* begreppet utvaldhet, för den bibliska berättelsen kan inte förstås utanför sina sammanhang och sina geopolitiska miljöer. I detta avsnitt vidareutvecklar jag ett arbete som jag tidigare har publicerat i *Tro under ockupation – Palestinsk bibeltolkning.*[55]

I mitten av det andra årtusendet f Kr utvecklades två stora maktcentra i Mellanöstern. Deras utveckling var nära kopplad till geografi och vatten: i ena änden fanns Nilen, och i den andra fanns två floder: Tigris och Eufrat. Ungefär samtidigt och i nära anslutning till varandra höll tre andra regionala makter på att utveckla regionens gränser: Persien/Iran i öster, Hittiterna/Turkiet i norr och det grekisk-romerska Europa i väster. Regionens historia under de senaste tre årtusendena visar att Mellanöstern under större delen av tiden kontrollerades av något av dessa fem imperier, om än med olika namn, konstellationer och grader av makt.[56]

Den lilla remsa mellan Medelhavet och Jordanfloden som kallades Palestina var för liten och saknade geografiskt läge och resurser för att utvecklas till ett imperium. Palestina låg mellan dessa andra imperier, och dess öde dikterades av dess geografi som ett land i stormens öga. Palestinas folk var medvetna om denna geopolitiska verklighet: "Detta är Jerusalem, som jag har satt mitt bland folken, omgivet av främmande länder" (Hes 5:5); "Från höjderna skådar jag dem. ett folk som bor för sig självt, som inte räknar sig till de andra" (4 Mos 23:9).

Som diskuterades i föregående kapitel innebär Palestinas läge mellan fem imperier inte nödvändigtvis att det är något slags centrum.

Faktum är att det är tvärtom: Palestina är ett land i periferin, ett land i marginalen. Trots sitt betydande religiösa rykte är landet i den geopolitiska verkligheten beläget i utkanten av den bördiga halvmånen och är ett perifert gränsland för olika imperier, vilket gör Palestina till den plats där de regionala makternas olika magnetfält kommit att kollidera. De bördiga slätterna i Palestina, som ligger mellan olika imperier, blev ofta slagfält för de omgivande rikena och makterna som ville hålla sina krig och tragedier borta från sina egna kärnländer. På grund av detta geopolitiska läge mellan olika makter har Palestina ofta varit ett ockuperat land: ockuperat av egyptier, assyrier, babylonier, perser, greker, romare, bysantiner, araber, korsfarare, ottomaner, britter och nu av israelerna.[57]

Detta är bakgrunden till begreppet utvaldhet. Det är ingen slump att de verser som handlar om utvaldhet främst utvecklades i samband med den assyriska och babyloniska ockupationen och exilen: i Femte Moseboken och den deuteronomiska litteraturen, i Deutero-Jesaja och i Psaltaren. Det verb som används för utvälja *(bahar)* uppträder för första gången så sent som på 600-talet, även om själva begreppet kan vara äldre. Det var när Palestina ödelades och brändes ned, när imperierna triumferande i seger över den lilla politiska struktur som kallades Palestina, när de imperialistiska gudarna firade sin seger över den Gud som tillbads av människorna i Palestina oavsett om de var israeliter eller judar, när allt tycktes vara förlorat och folkets mod krossades – det var då som två olika religiösa förklaringar uppstod.

Den första förklaringen gick ut på att nederlaget inte så mycket var en indikation på styrkan hos utländska imperialistiska makter, utan snarare ett tecken på att Gud hade övergivit och förkastat Guds folk på grund av deras synder. Vi finner detta i synnerhet i profeten Jeremias bok: "Värdelöst silver kallas de, ty för Herren är de utan värde" (Jer 6:30); "Jag har lämnat mitt hus, övergett min egendom. Min älskade har jag utlämnat åt hennes fiender" (Jer 12:7).

Men i samma skeende av förödelse gavs en annan förklaring. Andra profeter kände att det som människor behövde var tröst och hopp. Det är här som begreppet utvaldhet *framkallades* i syfte att återge människor hoppet om sig själva, trots den tragiska politiska verklighet som de upplevde. Vi ser detta tydligt i Deutero-Jesajas bok, profeten i exil som brottas med det desperata:

> Sion sade: "Herren har övergett mig, Gud har glömt mig. Glömmer en kvinna sitt lilla barn, bryr hon sig inte om den hon själv har fött? Och även om hon skulle glömma, glömmer jag aldrig dig. Nej, ditt namn är skrivet i mina händer, jag tänker ständigt på dina murar." (Jes 49:14–16)
> och
> Israel, du min tjänare, Jakob, som jag har utvalt, ättling till Abraham, min vän, du, som jag hämtade från jordens ände, kallade från dess bortersta hörn – till dig sade jag: Du är min tjänare, jag har utvalt dig, jag förskjuter dig inte. Var inte rädd, jag är med dig. Ängslas inte, jag är din Gud. Jag ger dig styrka och hjälper dig, stöder och räddar dig med min hand. (Jes 41:8–10)"

Utvaldheten var och kommer alltid att vara en trosfråga; den handlar helt och hållet om ett löfte – ett löfte till dem som är svaga och maktlösa, till dem som börjar misströsta om sig själva. Det är till dem som utvaldheten förkunnas. Detta är *Sitz im Leben* för budskapet om utvaldhet. Det är kopplat till maktbalansen. Rätt uppfattad är utvaldheten därför ett löfte till dem som krossas av och lider under obarmhärtiga makter, en uppmuntran till dem som blir modfällda av de politiska realiteterna och en tröst till de förtvivlade, vilket framgår av Femte Moseboken:

> Ty du är ett folk som är helgat åt Herren, din Gud. Dig har Herren, din Gud, utvalt att vara hans dyrbara egendom framför alla andra folk på jorden. Det var inte för att ni är ett större folk än andra som Herren fäste sig vid er och utvalde er – ni är ju det

minsta folket av alla. Men Herren älskade er och ville hålla sin ed till era fäder, och därför förde han er med stark hand ut ur slavlägret och befriade dig från slaveriets hus, ur Faraos, den egyptiske kungens våld. (5 Mos 7:6–8)"

Det var med en sådan tro som grund som folket i Palestina kunde möta de olika imperialistiska ockupationerna under årtusenden. En sådan tro genererade så mycket kraft att den gjorde det möjligt för Palestinas folk att vara motståndskraftiga och överleva mot nästan omöjliga odds. När allt hade fallit sönder och ingenting verkade ha någon mening, var det denna föreställning om utvaldhet som gjorde det möjligt för Palestinas folk att överleva och göra motstånd mot de olika imperialistiska förtryck som de utsattes för.

Detta var inte den enda *Sitz im Leben* för föreställningen om utvaldhet. Palestina var ofta ett delat land och låg i två av de fem imperiernas inflytandesfär samtidigt. Det ledde naturligt till att landet delades upp i två eller flera enheter, som till exempel när assyrierna ockuperade norra delen av Palestina och lämnade ett visst avstånd till Egyptens inflytandesfär i söder. Efter den assyriska ockupationen utvecklades två olika identiteter i Palestina: en i den norra delen där folket senare blev känt som samarier, och en i den södra delen där folket blev känt som judar. I det sammanhanget användes begreppet utvaldhet som ett vapen för att ge en grupp, främst judarna, religiös rätt över och emot samarierna: templet i Jerusalem mot det samaritiska templet på Gerizim (Joh 4:20).

Även om det fanns många platser för tillbedjan och religiösa kulter i Palestina genom århundradena, varav många gick tillbaka till kanaanitiska religioner, blev utvaldheten ett verktyg för religiös och exklusiv nationell hegemoni som inte tolererar något alternativ till uppfattningen att Gud har valt Jerusalem som Guds plats för tillbedjan (Femte Moseboken 12–18). Denna föreställning om utvaldhet är det andra kännetecknet för Deuteronomium--litteraturen.

Det är därför viktigt att alltid hålla i minnet dessa två olika och motsatta religiösa användningar av begreppet utvaldhet: en som ett budskap om hopp för de svaga och utsatta, och en som ett verktyg för religiös och nationell ideologi. Dessa två motsatta tolkningar kan inte identifieras utifrån ett bibliskt eller dogmatiskt förhållningssätt till frågan utan genom en geopolitisk lins och analys av den rådande maktbalansen.

I dag har staten Israel utvecklats till att bli den regionala makten, ett imperium genom ombud. Palestinierna lever nu i en situation som liknar israeliternas i Bibeln: ockuperade, krossade, deras barn drivna i exil och lämnade med lite land och inga resurser. När begreppet utvaldhet i dag tillämpas på staten Israel går det stick i stäv med dess ursprungliga *Sitz im Leben* och har utvecklats till ett imperialistiskt verktyg för förtryck och fördrivning. Det är palestinierna som ofta känner sig övergivna, som behöver höra att Gud inte övergett dem och att de fortsätter att vara ett folk som ligger Gud varmt om hjärtat.

### Att läsa historien baklänges

Ett stort missförstånd av begreppet utvaldhet beror på tolkningen av patriarkernas berättelse utifrån *frälsningshistorien* (Heilsgeschichte). Utvaldhet förstås här som en kontinuerlig urvalsprocess (Första Moseboken, kap 12–50). Abraham hade två söner: Ismael, den förstfödde, son till Hagar, och Isak, Saras son. Men Isak blir den utvalde och den ende utvalde, medan berättelsen om Ismael mer eller mindre slutar här. Berättelsen fortsätter genom Isak och blir ännu mer komplicerad. Isak får tvillingar: Esau och Jakob.

Här sker ett nytt urval och Jakob blir bärare av löftet i stället för tvillingen Esau. Av Jakobs tolv söner var Josef den som föredrogs och som steg till makten. Det är så den bibliska berättelsen om patriarkerna berättas och återberättas, som en kontinuerlig process av val och urval som leder till att den ene privilegieras och den andre diskvalificeras. Vad händer med utvaldhetsteologin om vi läser denna berättelse baklänges och samtidigt tittar på Palestinas geopolitik? Då frigör vi oss från en bokstavlig förståelse av berättelsen och kan inse att människorna i Palestina förhandlade om sina relationer.

De tre patriarkerna (Abraham, Isak och Jakob) representerade olika traditioner och identiteter från tre regioner som inte nödvändigtvis var sammankopplade (Abraham i Negev, Isak i Beersheba och Jakob i Betel och Samarien).[58] Berättelsen ger ett far-son-perspektiv, vilket förenar de olika stammarna och regionerna i Palestina i en enda berättelse om tre generationer och utgör en enhet bland de olika folken i Palestina. Samtidigt vill berättelsen klargöra relationerna till de angränsande stammarna och regionerna. I Jordanien, öster om Palestina, bor Lots grupp. I berättelsen är Lot inte en främling utan en släkting, Abrahams brorson och granne (1 Mos 12:5).

Berättelsen om Ismael reder ut förhållandet till stammarna i den södra delen av Sinaihalvön (1 Mos 21:21). De är inte utlänningar eftersom Ismael också är Abrahams son. Detsamma gäller för Esau, vars stam bor i Edom, sydost om Palestina. Också han är en släkting, Isaks bror. Dessa bor inte i Palestina och anses därför inte vara en del av det (utvalda) folket i Palestina, men de är släkt. Denna läsning av berättelsen leder till en annan slutsats, en slutsats som handlar mindre om utväljande och avvisande och mer om kampen för att förena de olika stammarna i Palestina samtidigt som man förhandlar om relationerna med stammarna runt Palestina. En geopolitisk läsning av berättelsen om patriarkerna öppnar för möjligheten att inkludera snarare än exkludera grupper, stammar och folk.

### *Fortsättningen på berättelsen i Koranen*[59]

Berättelsen om patriarkerna fortsätter bortom Bibeln. En intressant kritik av utvaldheten som en kontinuerlig berättelse om urval och uteslutning finns i Koranen. Så länge profeten Muhammed hoppades att judarna i Mecka skulle tro på honom, var Ismael en profet utan betydelse (Q6:86; Q21:85). I Medina stod det emellertid klart för Muhammed att judarna i Medina inte skulle tro på hans budskap. De var stolta över att vara det "utvalda folket" och gjorde anspråk på den *berättelse* som går från Abraham via Isak och Jakob enbart för sig själva. De ansåg att araberna var Ismaels ättlingar och att de bara spelade en marginell roll i frälsningshistorien. Judarna i Medina gjorde, med våra termer, anspråk på berättelsen som historia och skrev ut Ismael ur den.

Profeten Muhammed tog strid för de uteslutna och marginaliserade som Ismael representerade genom att rädda Ismael från skuggorna i den linjära frälsningshistorien och göra honom jämlik med Isak och Jakob (Q2:136; Q3:84). I samband med sin dispyt med judarna (och de kristna), och i ett försök att klargöra vilka Abrahams ättlingar var, återvände Muhammed till Abrahams religion: "De (Bokens folk) säger: Ni måste vara judar eller kristna om ni ska kunna gå på vägen (till frälsning). Säg: Nej! (För oss finns endast) Abrahams religion, en *hanif,* som inte var en av avgudadyrkarna" (Q2:135). Genom att återgå till Abrahams religion kritiserar profeten Muhammed judarnas och de kristnas anspråk på exklusivitet och deras monopol på berättelsen.

Muhammed använder ett argument som liknar Paulus i Romarbrevet 4 och Galaterbrevet 3 genom att återgå till den abrahamitiska tron (1 Mos 15) som föregick hans omskärelse (1 Mos 17). För profeten Muhammed går inte valet uteslutande genom Isaks och Jakobs linje (som judar och kristna tror), utan snarare i lika hög grad genom Ismael och genom honom till araberna. Detta framgår av Abrahams bön vid *Ka'ba:*

Herre, sänd dem (dvs Abrahams och Ismaels ättlingar) en budbärare från deras egna led som recitera Dina tecken (uppenbarade verser) för dem, som ska undervisa dem i skriften och visdom och rena dem (från hedendomens förorening). Du är den Allsmäktige och den Allvise. (Q2:129) "

Profeten Muhammed väljs således med ett tydligt uppdrag: att inkludera Ismaels ättlingar i Guds berättelse. Muhammed lyckades upphöja araberna och sina anhängare till en nivå där de var jämställda med judarna på sin tid.

## Slutsatser

Utvaldheten är ett viktigt teologiskt *topos*. Traditionellt har teologerna behandlat den utifrån *frälsningshistoriens* perspektiv. Detta synsätt ledde till missförstånd, fördomar och exklusiva teologier som hade och fortfarande har negativa konsekvenser för palestinierna, i synnerhet för kristna palestinier som fortsätter att kämpa med detta än i dag. I detta kapitel har jag argumenterat för nya sätt att se på utvaldheten, som är inkluderande och som tar textens geopolitiska sammanhang och dess *Wirkungsgeschichte* på allvar. Utvaldheten kan inte vara en oskyldig övning i teologisk semantik utan måste innefatta en analys av dess sociopolitiska och kulturella manifestation. Utvaldhet ska inte utgöra en teologisk premiss för ett politiskt anspråk.

Att troende människor tror att de är utvalda av Gud är en sak; att använda denna tro som en förevändning för överhöghet eller rätt att ockupera andra människors land är inte tillåtet. Kränkningar av mänskliga rättigheter i namn av ”Guds vilja” bör inte tolereras. Utvaldhet är en trosfråga. Annars blir det en farlig ideologi som sanktionerar religiöst baserad nationalism, bosättarkolonialism och rasexceptionalism med katastrofala följder. Palestinierna och många andra ursprungsbefolkningar betalar priset för denna ideologi. När valet förstås på rätt sätt har det potential att ge hopp till de marginaliserade och att erbjuda välbehövligt stöd för kreativ motståndskraft.

# KÄLLHÄNVISNINGAR
## Kapitel 4: Ett utvalt folk?


1. Keith W Whitelam, *The Invention of Ancient Israel: The Silencing of Palestinian History* (London: Routledge, 1996).

2. For details, see, Karen Brodkin, *How Jews Became White Folks and What That Says About Race in America* (New Brunswick, NJ: Rutgers University Press, 1998).

3. David Novak, *The Election of Israel: The Idea of the Chosen People*, reissue ed. (Cambridge: Cambridge University Press, 2007), 22–49.

4. See, as an example, Stanley N Gundry et al, *Show Them No Mercy: 4 Views on God and Canaanite Genocide* (Grand Rapids: Zondervan Academic, 2003).

5. Naim Stifan Ateek, *Justice and only Justice: A Palestinian Theology of Liberation* (Maryknoll, NY: Orbis Books, 1989).

6. Ibid, 79.

7. Ibid, 79–80.

8. Ibid, 94.

9. Ibid, 96

10. Ibid.

11. Naim Stifan Ateek, *A Palestinian Theology of Liberation: The Bible, Justice, and the Palestine-Israel Conflict* (Maryknoll, NY: Orbis Books, 2017).

12. A complete list of Tarazi's publications is found on his website: https://www.paul-nadim-tarazi.org/publications.html.

13. Paul Nadim Tarazi, *Land and Covenant* (St. Paul, MN: OCABS Press, 2009); Paul Nadim Tarazi, "Hermeneutical Shifts Vis-a-Vis Palestine in the Twentieth Century: Romans 9–11," in *The Invention of History: A Century of Interplay between Theology and Politics in Palestine*, ed. Mitri Raheb (Bethlehem: Diyar, 2011), 167–84.

14. Tarazi, *Land and Covenant*, 241.

15. Ibid, 249.

16. Ibid, 253.

17. Ibid, 265.

18. Tarazi, "Hermeneutical Shifts Vis-a-Vis Palestine in the Twentieth Century: Romans 9–11," 169.

19. Ibid, 171.

20. Ibid,177.

21. Ibid, 178.

22. Ibid, 178–179.

23. Ibid, 181.

24. Ibid, 184.

25. Ibid, 180.

26. "Kairos Palestine: A Moment of Truth. A Word of Faith, Hope and Love from the Heart of Palestinian Suffering." (Bethlehem: Diyar, 2009).

27. "Fourth Pastoral Letter of Patriarch Sabbah, November 1993," Latin Patriarchate of Jerusalem, https://www.lpj.org/website-archives/fourth-pastoral-letter-patriarch-sabbah-reading-bible-today-land-bible-november-1993-5e45d3114195b..

28. Ibid, 2.

29. Ibid, 3.

30. Ibid, 8.

31. Ibid, 10–12.

32. Ibid, 14.

33. Ibid.

34. Ibid, 16–22.

35. Ibid, 25–32.

36. Ibid, 48.

37. Ibid.

38. Ibid.

39. Ibid, 49.

40. Ibid, 52.

41. Ibid, 54.

42. William R Hutchison, *Many Are Chosen: Divine Election and Western Nationalism*, ed. Hartmut Lehmann (Minneapolis: Fortress Press, 1994), 288.

43. Ibid, 292.

44. Ibid, 287.

45. Paul Mendes-Flohr, "In Pursuit of Normalcy: Zionism's Ambivalence toward Israel's Election," in *Many Are Chosen: Divine Election and Western Nationalism*, ed. William R. Hutchison and Hartmut Lehmann (Minneapolis: Augsburg Fortress, 1994), 220.

46. Ibid, 224.

47. Todd Gitlin and Liel Leibovitz, *The Chosen Peoples: America, Israel, and the Ordeals of Divine Election*, reprint ed. (New York: Simon & Schuster, 2013), 30.

48. For more details, see S Leyla Gurkan, *The Jews as a Chosen People: Tradition and Transformation* (London: Routledge, 2008).

49. Michael Prior, *The Bible and Colonialism: A Moral Critique* (Sheffield, UK: Sheffield Academic Press, 1997), 11.

50. Donald Harman Akenson, *God's Peoples: Covenant and Land in South Africa, Israel, and Ulster* (Ithaca, NY: NCROL, 1992).

51. Andrew R Murphy, *Prodigal Nation: Moral Decline and Divine Punishment from New England to 9/11* (Oxford: Oxford University Press, 2008).

52. Braden P Anderson, *Chosen Nation* (Eugene, OR: Cascade Books, 2012), 250–51.

53. Philip R Davies, *Memories of Ancient Israel: An Introduction to Biblical History—Ancient and Modern* (Louisville, KY: Westminster John Knox Press, 2008), 11.

54. A detailed though older exegeses of Romans 9–11 can be found in Mitri Raheb, *I Am a Palestinian Christian* (Minneapolis: Fortress Press, 2009), 67–69.

55. Mitri Raheb, *Faith in the Face of Empire: The Bible through Palestinian Eyes* (Maryknoll, NY: Orbis Books, 2014). Svensk översättning: *Tro under ockupation – Palestinsk bibeltolkning.* Verbum 2014.

56. Ibid, 43–47.

57. Ibid, 49–54.

58. See Mitri Raheb, "Land, Voelker und Identitaeten; ein palaestinensischer Standpunkt," *Concilium* 43, no. 2 (2007): 174–181.

59. In this section, I closely mirror my article: Mitri Raheb, "Contextualising the Scripture: Towards a New Understanding of the Qur'an - an Arab-Christian Perspective," *Studies in World Christianity* 3, no. 2 (1997): 180–201, https://doi. org/10.3366/swc.1997.3.2.180.

# Epilog

Under de senaste hundra åren har Israel använt olika medel för att främja sitt bosättarkoloniala projekt: ibland genom erövring och landkolonisering, andra gånger genom olagliga lagar eller ekonomiska påtryckningar. Under alla dessa år har den bibliska historietolkningen utgjort en diskurs som framställt de infödda palestinska araberna som främlingar eller våldsamma terrorister och judarna som civiliserade, demokratiska eller en nystartad nation. För att försvara det bosättarkoloniala projektet skapade Israel en polisstat som gavs extraordinär makt över ursprungsbefolkningen. Det slutgiltiga målet för Israel har varit att kontrollera hela det historiska Palestinas geografi och samtidigt förpassa den palestinska befolkningen till olika former av bantustans som ett mellansteg mot den slutgiltiga etniska rensningen. Bakom alla dessa strävanden ligger ett kolonialistiskt tankesätt och en politisk plattform.

Samtidigt som vissa kyrkor i Kanada, Australien och vissa delar av USA konfronterar sina egna bosättarkoloniala arv, driver Israel sitt bosättarkoloniala projekt framåt i snabb takt. Dessa kyrkor erkänner nu att de står på mark som tillhör ursprungsbefolkning, medan israeliska bosättare och kolonisatörer tar mark från försvarslösa palestinska familjer på hela Västbanken, i Massafer Yatta i södra Hebron, i Yanun i Nablus och i Arab al-Jahalin i östra Jerusalem. Berättelsen om Sheikh Jarrah är en berättelse om kolonialism och om hur ursprungsbefolkningen ersätts av nya kolonisatörer. Judaiseringen av Jerusalem är en berättelse om bosättarkolonialism som syftar till att utplåna den arabiska och palestinska närvaron från staden. Berättelsen om al-Aqsa är en berättelse om bosättarkolonialism där målet är att ersätta en arabisk-muslimsk helgedom och dess tillbedjare med ett "tredje judiskt tempel".

Den israeliska *hasbara-apparaten* – grovt översatt som den förklarande strukturen för staten Israel – arbetar för att vidmakthålla bilden av palestinier som terrorister vars raketer avsiktligt dödar civila medan israeliska luftangrepp utförs med "kirurgisk precision", även om femtio eller fler palestinska barn bombas "av misstag". Alla dessa aktiviteter baseras på en biblisk diskurs som ger bosättarna den nödvändiga teologiska motiveringen. Denna israeliska bosättarkoloniala strävan måste ses som det sista kapitlet i det västerländska bosättarkoloniala projektet, som äger rum i dag på 2000-talet i Palestina. Det fortsätter att betjänas och drivas av moderlandet: den anglosaxiska världen.

# Imperiet i aktion

Staten Israel måste ses som en integrerad del av ett imperium eller ett imperium genom ombud. Koloniseringen av Palestina i modern tid underlättades av det brittiska imperiet genom Balfourdeklarationen och fortsätter att möjliggöras av det amerikanska imperiet. På så sätt fortsätter det imperialistiska projekt som inleddes i mitten av 1800-talet än i dag. I dag är imperiet större än en stat, nation eller militärmakt. I Accra Confession definierades imperium som konvergensen av ekonomiska, politiska, kulturella, geografiska och militära imperialistiska intressen, system och nätverk som strävar efter att dominera politisk makt och ekonomiskt välstånd.[1]

Imperium tvingar och underlättar vanligtvis flödet av välstånd och makt från utsatta människor, samhällen och länder till de mäktigare. Dagens imperium är kopplat både till den västerländska hegemonin som byggt upp sin rikedom under århundraden av kolonialism och till ett enormt militärindustriellt komplex. Vidare är dagens imperium kopplat till den så kallade judisk-kristna traditionen som kom att bli en kod för kulturell och etnisk överhöghet.

Israel är en del av detta imperium och försörjs av det med "hårdvara" som ubåtar, F35-stridsflygplan, Iron Dome och politisk uppbackning. Israel ses som en del av västvärlden och tjänar deras intressen som en av deras främsta allierade. I dag är Israel den sjunde största exportören av militär- och säkerhetsutrustning i världen. Dessutom förser imperiet Israel med "mjukvara" i form av en biblisk ritning som målar upp koloniala metoder med teologiska motiveringar om ett "förlovat land" och ett "utvalt folk". Programvaran framställer vidare Israel som ett lysande exempel på den så kallade demokratiska världen och västerländska värderingar.

## Den ekumeniska överenskommelsen

Den judiske befrielseteologen Marc Ellis myntade uttrycket "den ekumeniska överenskommelsen" för att beskriva förhållandet mellan den judiska synagogan och den kristna kyrkan i väst. Denna ekumeniska överenskommelse brukar kallas interreligiös ekumenisk dialog, den plats efter Förintelsen där judar och kristna har reparerat sin relation. Israel har haft en avgörande betydelse i denna dialog. Kristna stödde Israel som ett uttryck för ånger över antisemitismen och förintelsen. När Israel blev mer kontroversiellt på grund av dess övergrepp mot palestinierna förblev de kristna tysta. Att inte stödja – eller ännu värre, att kritisera – Israels politik betraktades av de judiska dialogförarna som en återgång till antisemitism. Dialogen blev en överenskommelse: kristnas tystnad garanterade att de slapp kritik för antisemitism från judar. Den interreligiösa ekumeniska uppgörelsen var också en del av en större politisk uppgörelse på den amerikanska politiska scenen. Varje kritik av Israel från en politisk person var rena dödsdomen för dennes karriär, och anklagelser om antisemitism var kulorna.[2]

År 2012 dödförklarade Marc Ellis den ekumeniska överenskommelsen. Även om flera protestantiska huvudkyrkor, som Presbyterian Church USA och United Church of Christ, i dag är mer frispråkiga i ämnet än någonsin, håller de flesta stora och inflytelserika församlingarna i de amerikanska storstäderna fast vid den ekumeniska överenskommelsen, precis som den fortfarande lever och till och med frodas i många europeiska länder, som Tyskland, Holland och till och med Sverige, som är ett föregångsland när det gäller mänskliga rättigheter.

Det som är sant för kyrkorna är sant för den protestantiska teologin i huvudfåran. Som Julia M O'Brian uttrycker det:

> För typiska amerikanska mainline-protestanter är en tolkning av en bibeltext *övertygande och vederhäftig* om de hör den som:
> Liberal, stödjer universella mänskliga rättigheter, särskilt för dem som de erkänner som historiskt förtryckta, och i synnerhet kvinnor.
> Vetenskaplig, objektivt verifierad av texten själv, och ännu mer av historiker och arkeologer.
> Vettig, tillräckligt skeptisk till mänskliga fördomar.
> Stödjer judendomen och stöds av judiska läsare.
>
> En tolkning är *problematisk* om de hör den som:
> * Socialt konservativ, ointresserad av att förbättra denna värld, särskilt kvinnans ställning.
> * Fundamentalistisk eller överdrivet from, som accepterar bibliska vittnesbörd rakt upp och ned som de står.
> * Ideologisk, främjar endast en sida av en konflikt som de tror är mångfacetterad.
> * Utmanar vad judar säger om Gamla testamentet.[3]

Denna hermeneutik har lett till en judaisering av kristna teologiska skrifter och litteratur. Även om det var viktigt att bekämpa de tidigare antijudiska traditionerna i den kristna teologin, skapade den projudiska hermeneutiken, medvetet eller omedvetet, en proisraelisk attityd med en antipalestinsk twist inbäddad i sig. Judaiseringen av den kristna teologin löpte parallellt med judaiseringen av landet Palestina och utgjorde i vissa fall en teologisk dämpare för israelisk praxis.

Västvärldens syn på ashkenazi-israelierna som medlemmar av sin släkt och sin egen vita stam under decennierna efter Förintelsen visar ytterligare på bredden i det teologiska engagemanget för den koloniala imperialismen.

Det koloniala narrativet som hyllar kolonisatörerna och kriminaliserar den infödda befolkningen som vildar var särskilt tydligt inom filmindustrin. Jack Shaheen, en forskare som ägnat sin karriär åt att analysera stereotyper i Hollywoodfilmer, granskade över 1 100 filmer för sin banbrytande bok *Reel Bad Arab: How Hollywood Vilifies a People* och fann att amerikanerna underhölls av anti-arabisk, anti-palestinsk och antimuslimsk propaganda.[4]

## Historia och makt

Kyrkorna anser att de måste ställa sig på Israels sida på grund av vad som hände judarna i Europa under Förintelsen. Deras uttalade motivering är att de har lärt sig en läxa av historien. Detta antagande måste ifrågasättas. Ja, kanske har kyrkan blivit känslig för antijudiska traditioner i historien, men kyrkan känner sig fortfarande mer bekväm med att ställa sig på makthavarnas sida. Israellobbyn är mycket stark och belönar aktivt dem som följer den, medan de som motsätter sig deras bosättarkoloniala praxis bestraffas. Det är fortfarande mycket kostsamt att ställa sig på de svagas och förtrycktas sida, och priset kan vara ens karriär, rykte och till och med liv.

Dietrich Bonhoeffer var en del av en liten bekännelsekyrka som vågade utmana sin tids makthavare, och han fick betala med sitt liv. Även om Bonhoeffer hyllas av många, nästan som ett protestantiskt helgon, är det väldigt få som vågar gå i hans fotspår i dag och utmana den israeliska staten och dess lobbyister som är inbäddade i kyrkan och samhället. Vilka lärdomar drar vi av historien om kyrkor och politiska grupper är rädda för Israellobbyn och ställer sig på den mäktiga staten Israels sida mot det förtryckta palestinska folket?

# Antisemitism

Kyrkorna arbetar seriöst för att bekämpa antisemitism. Ordet antise-
mitism myntades i slutet av 1800-talet för att beskriva demonisering-
en och diskrimineringen av en hel judisk befolkning i Europa. Det-
ta är demonisering och diskriminering som måste bekämpas precis
som islamofobi och andra former av rasism. Men under de senaste
tre decennierna, sedan 1991, har Israellobbyn försökt införa en ny
definition av antisemitism som sätter staten Israel själv över all kri-
tik. Den lanserade en internationell kampanj för att kriminalisera all
kritik av staten Israel och misskreditera allt verkligt motstånd mot
Israels koloniseringsprojekt, även om motståndet uppenbarligen är
icke-våldsligt.

     Som ett resultat av detta kriminaliseras förespråkandet av pa-
lestiniernas rättigheter som "hatpropaganda". Utrymmet för profetiskt
vittnesbörd, icke-våldsmotstånd och medborgerlig handling krymper,
och med det även rätten till yttrandefrihet. Detta är särskilt tydligt i
Tyskland, där journalister, kyrko- och statstjänstemän förbjuds att an-
vända ord som "apartheid" eller "bosättarkolonialism" när det gäller
staten Israel.[5] Palestinska teologer förbjuds att predika i tyska kyrkor,
människorättsaktivister bjuds inte in och de förbjuds tillträde till före-
läsningssalar. Det här är inget historiskt brott, utan en fortsättning på
samma gamla mönster där kyrkorna ställer sig på makthavarnas sida,
i det här fallet Israellobbyn i Tyskland, för att censurera de maktlösas
yttranden och på olika sätt utestänga dem från det offentliga rummet.

# Tvåstatslösningen

För många kyrkor och politiker som ställer sig på Israels sida är det
enklaste sättet att göra det att visa sitt stöd för en tvåstatslösning med
en israelisk stat på 77 procent av det historiska Palestina sida vid sida
med en palestinsk stat på de återstående 23 procenten. För politiker

och kyrkliga tjänstemän som vill ta det säkra före det osäkra är svaret att ställa sig bakom visionen om en tvåstatslösning. Det internationella samfundet ger läpparnas bekännelse till tvåstatslösningen trots att man inser att bosättarnas koloniala projekt sakta men säkert äter upp den palestinska staten.

Många politiker är medvetna om att det redan är för sent för en tvåstatslösning, men de fortsätter ändå att visa sin lojalitet mot den. Det är visserligen för sent för en tvåstatslösning, men det är också för tidigt för en enstatslösning så länge det internationella samfundet fortsätter att stödja tvåstatsparadigmet i stället för att konfrontera Israels bosättarkoloniala strategi. Det finns flera politiska modeller för en rättvis och fredlig lösning: en federation, en konfederation eller en schweizisk modell med kantoner, där varje kanton bevarar sin kulturella identitet samtidigt som man värnar om folkets och landets enhet. Det är inte modellen som saknas, utan viljan att avsluta det koloniala projektet med bosättare. Utan ett slut på det israeliska bosättarkoloniala projektet sitter hela landet fast i en situation som bäst beskrivs som apartheid.

## Apartheid

För många år sedan varnade trovärdiga politiker som president Jimmy Carter för att den israeliska ockupationen, utan ett verkligt fredsavtal, skulle leda till ett apartheidsystem.[6] President Carter följdes av israeliska politiker som slog liknande larm.[7] Under de senaste två åren har flera mycket trovärdiga människorättsorganisationer, inklusive judiska människorättsorganisationer som B'tselem, förklarat att tröskeln har passerats och att apartheid nu existerar på båda sidor av den gröna linjen.[8]

Även om människorättsorganisationer som Human Rights Watch och Amnesty International har identifierat situationen i det historiska Palestina som apartheid, har definitionen av apartheid fastställts i Genèvekonventionerna, den internationella konventionen om avskaffande och bestraffning av brottet apartheid och Romstadgan för Internationella brottmålsdomstolen.[9] Tre avgörande element definierar apartheidbrottet: införandet av ett segregationssystem baserat på ras, religion eller etnicitet som utformats i syfte att upprätthålla en grupps dominans över en annan; användningen av olika lagstiftningsåtgärder för att upprätthålla och legalisera segregationen; och omänskliga metoder och kränkningar för att införa och upprätthålla sådan segregation. Dessa tre komponenter återfinns också i definitionen av bosättarkolonialism. Apartheid och bosättarkolonialism är två sidor av samma mynt.

# Fredsbyggande

Medan kyrkor och politiker talar sig varma för en tvåstatslösning är humanitära organisationer engagerade i att förse palestinierna med humanitärt bistånd som om det handlade om en humanitär kris. Situationen i Palestina är inte en naturkatastrof utan en katastrof orsakad av människan eller staten. Palestinierna är inte hungriga efter bröd utan efter rättigheter. Faktum är att det totala biståndet till Palestina är mindre än de faktiska kostnaderna för palestinierna på grund av de israeliska restriktionerna på rörligheten för varor och människor, tillgången till jordbruksmark, vatten och resurser. Under tiden genomför icke-statliga organisationer fredsbyggande program som är långt ifrån oskyldiga.

Mandy Turner, framstående internationell forskare och professor i konflikt, fred och humanitära frågor vid University of Manchester i Storbritannien, argumenterar övertygande för att västvärldens fredsbyggande i slutändan har konceptualiserats med ett kolonialt tankesätt.[10] En aspekt av detta koloniala fredsbyggande är en modern version av *mission civilisatrice*.[11] Fredsbyggandet består i att förbereda palestinierna för självstyre och statsbyggande genom program för "god samhällsstyrning" samtidigt som den palestinska ekonomin rehabiliteras för inträde i den fria marknadsekonomin.[12] Detta var en kolonial praxis som tillämpades i många länder som fick mandat efter första världskriget. Man ville förbereda dem för statsbildning, samtidigt som man säkerställde att den framväxande staten skulle upprätthålla koloniala intressen. I fallet Palestina var syftet att tjäna israeliska intressen.

# Säkerhet

Säkerhet är den högsta israeliska prioriteringen. En viktig aspekt av det koloniala fredsbyggandet i Palestina var därför att förebygga uppror.[13] Det palestinska motståndet beskrevs som brutalt och behövde dämpas genom att "säkra" den palestinska befolkningen och säkerställa samtycke inför den våldsamma bosättarkoloniala fördrivningen. En tredjedel av budgeten från biståndsgivarna gick till att bygga upp de palestinska säkerhetsstyrkorna, och det finns nu en säkerhetsagent för var sjuttiofemte palestinier, vilket är en av de högsta kvoterna i världen. Denna tunga investering i palestinsk säkerhet handlade mindre om säkerhet för det palestinska folket och mer om att skapa säkerhet för Israel och dess bosättarkolonier. Donatorernas investeringar i den palestinska myndigheten var i själva verket avsedda för Israels säkerhet. Det karakteristiska bosättarkoloniala skapandet av en polisstat för att kontrollera den infödda koloniserade befolkningen utförs både direkt av israeliska militära styrkor och genom ställföreträdare, de palestinska säkerhetsstyrkorna. På detta sätt lyckades fredsstiftandet i de ockuperade palestinska territorierna tysta allt trovärdigt motstånd bland den palestinska befolkningen mot det israeliska bosättarkoloniala projektet. Även icke-våldsmotstånd, såsom bojkott, desinvesteringar och sanktioner (BDS), misskrediteras av givarsamfundet, och palestinska teologier undviks av kyrkor och deras hierarkier.

# Mot ett paradigmskifte

De västerländska politiker och kyrkoledare som drar sig för att stödja
Palestina och kriminaliserar det palestinska motståndet, de mobilise-
rar samtidigt politisk, finansiell, PR-mässig och militär makt för att
stödja Ukraina mot Ryssland. Medan de uppfattar den ryska inva-
sionen 2022 som ett tydligt illdåd som kräver stöd för det ukrainska
folket, beskriver de den israeliska ockupationen av palestinsk mark
som *komplicerad*, utan att ta hänsyn till att fallet är tydligt i interna-
tionell rätt. Beskrivningen *komplicerad* används för att sudda ut den
palestinska frågan och framställa den som ett undantag som bekräftar
regeln. Palestina utgör en verklig utmaning för trovärdigheten hos
hela västvärlden, en värld som ännu inte har kommit till rätta med
konsekvenserna av sitt koloniala arv.

Tyvärr finns det inget som tyder på att detta kommer att för-
ändras på kort sikt. Västvärlden kommer att fortsätta att förse sin al-
lierade med militär utrustning och teologisk mjukvara. Staten Isra-
el är den sjunde största militärmakten i världen, och deras effektiva
propagandaapparat investerar miljarder dollar för att tysta röster som
motsätter sig det koloniala projektet med bosättare. De känner inte
någon brådska eller anledning att kompromissa. Tvärtom ser det isra-
eliska etablissemanget nu en möjlighet att sluta sitt avtal och föra sitt
bosättarkoloniala projekt till sin slutliga fullbordan.

Ändå syns vissa sprickor i muren, och det israeliska bosättar-
koloniala projektet misslyckas. I dag finns det lika många palestini-
er som israeliska judar i det historiska Palestina, och alla palestinier,
oavsett var de bor och under vilken jurisdiktion (inom den gröna lin-
jen, på Västbanken, i östra Jerusalem, Gaza eller i diasporan), har in-
sett de verkliga avsikterna med och karaktären på det koloniala bosät-
tarprojektet. Palestinierna kommer inte att försvinna från det land där
deras rötter finns. Vi fortsätter att visa enighet över artificiella gränser
och beslutsamhet att motsätta oss bosättarnas koloniala projekt med
alla tillgängliga medel. Det finns en ung och dynamisk generation pa-

lestinier som är välartikulerade, passionerade, skickliga och aktiva i att försvara sin sak. Om spelets namn för israelerna är bosättarkolonialism, är spelets namn för palestinierna motståndskraft: *sumud*. I mer än sjuttio år har palestinierna troget visat prov på en enorm styrka att göra motstånd, otroliga former av motståndskraft och kreativa sätt att överleva. Palestinierna flyttar inte på sig, och de kommer att fortsätta trots det israeliska bosättarkoloniala projektet.

De israeliska bosättarnas koloniala projekt utgör ett hot mot palestinierna och mot de många judar som vill leva i fred med palestinierna. Medan fredslägret i Israel har krympt enormt, har judiska grupper i diasporan, som *Jewish Voice for Peace,* insett den skada som det israeliska bosättarkoloniala projektet gör på deras judiska identitet och liberala synsätt. De vill inte förknippas med den "judiska statens" politik och bosättarkoloniala metoder. De förklarar fritt och utan omsvep sin solidaritet och sitt stöd för ett slut på det bosättarkoloniala projektet. Solidaritetsnätverk har skapats med rörelser för social rättvisa som *Black Lives Matter*, med konstnärer från First Nations, amerikanska ursprungsbefolkningar och aboriginska folk. Konferenser med fokus på palestinsk kontextuell teologi äger rum på många platser.

Kommer detta att leda till den önskade förändringen snart? Jag tvivlar på det! Men alla dessa steg kommer att fortsätta att vidga sprickorna i muren fram till den dag då den faller. Jag tvivlar inte på att alla murar kommer att falla. Det finns ingen framtid för detta bosättarkoloniala projekt. Palestina måste förstås som en av de sista antikoloniala kamperna i en tid som betraktas som postkolonial. Denna bok är en uppmaning att avkolonisera kristen teologi avseende det palestinska landet och dess folk, att förstå Israel utifrån ett paradigm av bosättarkolonialism och att bidra till kampen för befrielse, mänsklig värdighet och rättvisa.

# FOTNOTER TILL
## Epilog

1. World Communion of Reformed Churches, "The Accra Confession," 2004, http://wcrc.ch/accra/the-accra-confession.

2. "Exile and the Prophetic: The Interfaith Ecumenical Deal Is Dead," Mondoweiss, November 12, 2012, https://mondoweiss.net/2012/11/exile-and-the-prophetic-the-interfaith-ecumenical-deal-is-dead/.

3. Julia O'Brien, "The Hermeneutical Predicament: Why We Do Not Read the Bible in the Same Way and Why It Matters to Palestinian Advocacy," in *The Biblical Text in the Context of Occupation: Towards a New Hermeneutics of Libera- tion*, ed. Mitri Raheb (Bethlehem: Diyar, 2012), 169–70.

4. Jack G Shaheen, *Reel Bad Arabs: How Hollywood Vilifies a People*, 3rd ed. (Northampton, MA: Olive Branch Press, 2012).

5. Ben Knight, "Lawmakers Condemn 'Anti-Semitic' BDS Movement," *DW.com*, May 17, 2019, https://www.dw.com/en/german-parliament-condemns-anti-semitic-bds-movement/a-48779516; Hebh Jamal, "Germany Is Targeting Post-colonial Thinkers for a Reason," *Al Jazeera English*, December 12, 2022.

6. Jimmy Carter, *Palestine: Peace Not Apartheid*, reprint ed. (New York: Simon & Schuster, 2007).

7. "Ehud Barak Warns: Israel Faces 'Slippery Slope' toward Apartheid,"–Israel News—Haaretz.com, https://www.haaretz.com/israel-news/2017-06-21/ ty-article/ehud-barak-warns-israel-on-slippery-slope-to-apartheid/0000017f-ef8b-d0f7-a9ff-efcf52ce0000.

8. B'Tselem, "Apartheid," accessed January 29, 2021, https://www.btselem. org/topic/apartheid.

9. Omar Shakir, "Israeli Apartheid: 'A Threshold Crossed,'" July 19, 2021, https://www.hrw.org/news/2021/07/19/israeli-apartheid-threshold-crossed; Amnesty International, "Israel's Apartheid against Palestinians," February 1, 2022, https://www.amnesty.org/en/latest/campaigns/2022/02/israels-system- of-apartheid/.

10. Mandy Turner, "Completing the Circle: Peacebuilding as Colonial Practice in the Occupied Palestinian Territory," *International Peacekeeping* 19, no. 4 (2012): 492–507.

11. Roland Paris, "International Peacebuilding and the 'Mission Civilisatrice,' "*Review of International Studies* 28, no. 4 (2002): 637–656.

12. M Pugh, N. Cooper, and M. Turner, eds., *Whose Peace? Critical Perspectives on the Political Economy of Peacebuilding* (Houndmills, Basingstoke, UK: Palgrave Macmillan, 2008).

13. Mandy Turner, "Peacebuilding as Counterinsurgency in the Occupied Palestinian Territory," *Review of International Studies* 41, no. 1 (2015): 1–26.

# Bibliografi i urval

Abu El-Assal, Riah. *Caught in between: The Story of an Arab Palestinian Christian Israeli*. London: SPCK, 1999.

Ahlstrom, Gosta W & Gary O Rollefson. *The History of Ancient Palestine*. Edited by Diana Edelman. Minneapolis: Fortress Press, 1993.

Alazzeh, Ala. "Seeking Popular Participation: Nostalgia for the First Intifada in the West Bank." *Settler Colonial Studies* 5, no. 3 (2015): 251–267.

Ateek, Naim Stifan. *A Palestinian Christian Cry for Reconciliation*. Maryknoll, NY: Orbis Books, 2008.

———. *Justice, and Only Justice: A Palestinian Theology of Liberation*. Maryknoll, NY: Orbis Books, 1989.

Ateek, Naim Stifan, Cedar Duaybis, and Maurine Tobin. *Challenging Christian Zionism: Theology, Politics and the Israel- Palestine Conflict*. London: Melisende, 2005.

Ateek, Naim Stifan, Marc H. Ellis, and Rosemary Radford Ruether. *Faith and the Intifada: Palestinian Christian Voices*. Markyknoll, NY: Orbis Books, 1992.

Ateek, Naim Stifan, Michael Prior, *Holy Land, Hollow Jubilee: God, Justice, and the Palestinians*. London: Melisende, 1999. B'Tselem. "Statistics on Settlements and Settler Population." https://www.btselem.org/settlements/statistics.

———. "The Occupied Territories and International Law." https://www.btselem.org/international_law.

Badarin, Emile. "Settler-Colonialist Management of Entrances to the Native Urban Space in Palestine." *Settler Colonial Studies* 5, no 3 (2015): 226–235.

Banner, Stuart. *How the Indians Lost Their Land: Law and Power on the Frontier*. Cambridge, MA: Belknap Press: An Imprint of Harvard University Press, 2007.

———. *Possessing the Pacific: Land, Settlers, and Indigenous People from Australia to Alaska*. Cambridge, MA: Harvard University Press, 2007.

Barth, Markus. *Der Jude Jesus, Israel und die Palästinenser:* Zürich: TVZ-Verlag, 1975.

———. *Jesus the Jew: What Does It Mean That Jesus Is a Jew?: Israel and the Palestinians*. Atlanta, GA: John Knox Press, 1978. "Basic Law: Jerusalem,

Capital of Israel." https://www.knesset.gov.il/laws/special/eng/basic10_eng.
htm.

Bateman, F, and L Pilkington, eds. *Studies in Settler Colonialism: Politics, Identity and Culture*. Houndsmill, Basingstoke, UK: Palgrave Macmillan, 2011.

Ben-Ephraim, Shaiel. "Do unto Others as They Have Done unto You: Explaining the Varying Tragic Outcomes of Settler Colonialism." *Settler Colonial Studies* 5, no. 3 (2015): 236–250.

Beška, Emanuel. "Anti-Zionist Journalistic Works of Najib Al- Khouri Nassar in the Newspaper Al-Karmel in 1914." *Asian and African Studies* 20 (2011): 167–192.

———. "Political Opposition to Zionism in Palestine and Greater Syria: 1910–1911 as a Turning Point." *Jerusalem Quarterly* 59 (2014): 54–67.

———. "The Anti-Zionist Attitudes and Activities of Ruhi al-Khalidi," in *Arabic and Islamic Studies in Honour of Ján Pauliny*. ed. Zuzana, Gažáková and Jaroslav Drobný (Bratislava: Comenius University in Bratislava, 2016), 181–203.

Brueggemann, Walter. *The Land*. Overtures to Biblical Theology. Philadelphia: Fortress Press, 1977.

———. *The Land: Place as Gift, Promise, and Challenge in Biblical Faith*. 2nd ed. Overtures to Biblical Theology. Minneapolis: Fortress Press, 2002.

Buck, Mary Ellen. *The Canaanites: Their History and Culture from Texts and Artifacts*. Eugene, OR: Cascade Books, 2019. Burge, Gary M. *Jesus and the Land: The New Testament Challenge to "Holy Land" Theology*. Grand Rapids: Baker Academic, 2010.

———. *The Bible and the Land: Uncover the Ancient Culture, Discover Hidden Meanings*. Ancient Context, Ancient Faith. Grand Rapids: Zondervan, 2009.

———. *Whose Land? Whose Promise?: What Christians Are Not Being Told about Israel and the Palestinians*. Cleveland: Pilgrim Press, 2003.

Carter, Jimmy. *Palestine: Peace Not Apartheid*. Reprint ed. New York: Simon & Schuster, 2007.

Carter, Warren. *Matthew and Empire: Initial Explorations*. Harrisburg, PA: Trinity Press International, 2001.

———. *The Roman Empire and the New Testament: An Essential Guide*. Abingdon Essential Guides. Nashville, TN: Abingdon Press, 2006.

Cavanagh, Edward, ed. *The Routledge Handbook of the History of Settler Colonialism*. London: Routledge, 2020.

Chacour, Elias. *Blood Brothers*. Tarrytown, NY: Chosen Books, 1984.

———. *We Belong to the Land: The Story of a Palestinian Israeli Who Lives for Peace and Reconciliation*. San Francisco: HarperSanFrancisco, 1992.

Coogan, Michael D & Mark S Smith, eds. *Stories from Ancient Canaan,* 2nd ed. Louisville, KY: Westminster John Knox Press, 2012.

Davies, Philip R. *In Search of "Ancient Israel": A Study in Biblical Origins*. 2nd ed. New York: T&T Clark, 2015.

Davies, W D. *The Territorial Dimension of Judaism*. Berkeley: University of California Press, 1982.

Day, David. *Conquest: How Societies Overwhelm Others*. Illus- trated ed. Oxford: Oxford University Press, 2012.

Dayan, Moshe. *Living with the Bible*. New York: Bantam Books, 1979.

Drost, Andries H. "A Century of Interplay between Theology and Politcs in Palestine – A Dutch Perspective." In *The Invention of History: A Century of Interplay between Theology and Politics in Palestine*, ed. Mitri Raheb, 33–58. Bethlehem: CreateSpace Independent Publishing Platform, 2011.

Eid, Xavier Abu. "Violations of the Law during COVID-19: Israeli Annexation Plans in Western Bethlehem." In *The Double Lockdown: Palestine under Occupation and COVID-19*, ed. Saeb Erakat and Mitri Raheb. Bethlehem: Diyar, 2020, 31–41.

El-Fadel, M, R Quba'a, N El-Hougeiri, Z Hashisho, and D Jamali. "The Israeli Palestinian Mountain Aquifer: A Case Study in Ground Water Conflict Resolution." *Journal of Natural Resources and Life Sciences Education* 30, no. 1 (2001): 50–61.

Elkins, Caroline & Susan Pedersen, eds. *Settler Colonialism in the Twentieth Century: Projects, Practices, Legacies*. New York: Routledge, 2005.

Ellis, Marc H. *Israel and Palestine Out of the Ashes the Search for Jewish Identity in the Twenty-First Century*. London: Pluto Press, 2002.

———. *Judaism Does Not Equal Israel*. New York: New Press, 2009.

———. *Toward a Jewish Theology of Liberation: The Challenge of the 21st Century*. 3rd expanded ed. Waco, TX: Baylor University Press, 2004.

Erakat, Saeb, and Mitri Raheb, eds. *The Double Lockdown: Palestine under Occupation and COVID-19*. Diyar Publisher, 2020. "Final Text of Jewish Nation-State Law, Approved by the Knesset Early on July 19." | Times of Israel. https://www. timesofisrael.com/final-text-of-jewish-nation-state-bill-set-to-become-law/.

Finkelstein, Israel. *The Quest for the Historical Israel: Archaeology and the History of Early Israel*. Atlanta, GA: Society of Biblical Literature, 2007.

"Full Transcript of Pence's Knesset Speech." Jerusalem Post. https://www.jpost.com/Israel-News/Full-transcript-of-Pences-Knesset-speech-539476.

Gaston, K Healan. *Imagining Judeo-Christian America: Religion, Secularism, and the Redefinition of Democracy*. Chicago: University of Chicago Press, 2019.

Gush Etzion Foundation. "Gush Etzion." https://gush-etzion.org.il/.

Habel, Norman C. *Acknowledgement of the Land and Faith of Aboriginal Custodians after Following the Abraham Trail*. Eugene, OR: Wipf and Stock, 2018.

———. *The Land Is Mine: Six Biblical Land Ideologies*. Overtures to Biblical Theology. Minneapolis: Fortress Press, 1995.

Havrelock, Rachel. *The Joshua Generation: Israeli Occupation and the Bible*. Princeton, NJ: Princeton University Press, 2022.

Haynes, Stephen R. "Christian Holocaust Theology: A Critical Reassessment." *Journal of the American Academy of Religion* 62, no. 2 (1994): 553–585.

Herzl, Theodor. *The Complete Diaries of Theodor Herzl*. Ed. Raphael Patai. Trans. Harry Zohn. Herzl Press, 1960.

Hjelm, Ingrid. "The Palestine History and Heritage Project (PaHH)." In *The Ever Elusive Past: Discussions of Palestine's History and Heritage*, 9–19. United Arab Emirates: Dar Al Nasher, 2019.

Hjelm, Ingrid, Hamdan Taha, Ilan Pappe & Thomas L Thompson, eds. *A New Critical Approach to the History of Palestine: Palestine History and Heritage Project 1*. London: Routledge, 2019.

Horsley, Richard A. *In the Shadow of Empire: Reclaiming the Bible as a History of Faithful Resistance*. Louisville, KY: Westminster John Knox Press, 2008.

———. *Jesus and the Politics of Roman Palestine*. Columbia: University of South Carolina Press, 2014.

———. *Jesus and the Powers: Conflict, Covenant, and the Hope of the Poor*. Minneapolis: Fortress Press, 2011.

———. *Paul and the Roman Imperial Order*. Harrisburg, PA.: Trinity Press International, 2004.

Ir Amim. "Annexation Moves Intensify: Greater Jerusalem Bill Hits Ministerial Committee on Legislation on Sunday," June 11, 2020. http://www.ir-amim.org.il/en/node/2121.

Isaac, Munther. *From Land to Lands; from Eden to the Renewed Earth: A Christ-Centred Biblical Theology of the Promised Land*. Carlisle, Cumbria, UK: Langham Monographs, 2015.

"Israeli Settlements and International Law." https://www.amnesty.org/en/latest/campaigns/2019/01/chapter-3-israeli-settlements-and-international-law/.

Jansen, Jan C & Jürgen Osterhammel. *Decolonization: A Short History*. Trans. Jeremiah Riemer. Princeton, NU: Princeton University Press, 2017.

Jasper, David. *A Short Introduction to Hermeneutics*. Louisville, KY: Westminster John Knox Press, 2004.

Kanʿān, Tawfiq. *Tawfiq Canaan: An Autobiography*. Ed. Mitri Raheb (Bethlehem: Diyar, 2020).

Katanacho, Yohanna. *The Land of Christ: A Palestinian Cry*. Eugene, OR: Wipf and Stock, 2013.

Khalidi, Rashid. *The Hundred Years' War on Palestine: A History of Settler Colonialism and Resistance, 1917–2017*. New York: Metropolitan Books, 2020.

Kickel, Walter. *Das gelobte Land: Die religiöse Bedeutung des Staates Israel in jüdischer und christlicher Sicht*. Munich: Kösel, 1984.

Kwok, Pui-lan. *Discovering the Bible in the Non-Biblical World*. Bible & Liberation. Maryknoll, NY: Orbis Books, 1995.

Latin Patriarchate of Jerusalem. "Fourth Pastoral Letter of Patriarch Sabbah, November 1993." https://www.lpj.org/archives/ fourth-pastoral-letter-patriarch-sabbah-reading-bible-today- land-bible-november-1993-5e45d3114195b.html.

Lemche, Niels Peter. *Ancient Israel: A New History of Israel*. 2nd ed. London: T&T Clark, 2015.

Liew, Tat-siong Benny. *Colonialism and the Bible: Contemporary Reflections from the Global South*. Lanham, MD: Lexington Books, 2018.

Loeffler, James. "The Problem with the 'Judeo-Christian Tradition.'" *The Atlantic*, August 1, 2020. https://www.theatlantic. com/ideas/archive/2020/08/the-judeo-christian-tradition-is- over/614812/.

Lubin, Alex, and Alyosha Goldstein. *Settler Colonialism*. Durham, NC: Duke University Press, 2008.

Mar, Tracey Banivanua, and P. Edmonds, eds. *Making Settler Colonial Space: Perspectives on Race, Place and Identity*. Houndmills, Basingstoke, UK: Palgrave Macmillan, 2010.

Marquardt, Friedrich Wilhelm. *Die Juden Und Ihr Land.* Gütersloh, Germany: Guetersloher Verlagshaus, 1993.

Masalha, Nur. *Expulsion of the Palestinians: The Concept of "Transfer" in Zionist Political Thought, 1882–1948.* Washington, DC: Institute for Palestine Studies, 1992.

———. *Imperial Israel and the Palestinians: The Politics of Expansion.* Sterling, VA: Pluto Press, 2000.

———. *The Bible and Zionism: Invented Traditions, Archaeology and Post-Colonialism in Palestine- Israel.* London: Zed Books, 2007.

———. *Palestine: A Four Thousand Year History.* London: Zed Books, 2018.

———. *The Palestine Nakba: Decolonising History, Narrating the Subaltern, Reclaiming Memory.* New York: Zed Books, 2012.

———. *The Politics of Denial: Israel and the Palestinian Refugee Problem.* London: Pluto Press, 2003.

———. *Palestine: A Four Thousand Year History.* London: Zed Books, 2018.

Masalha, Nur & Lisa Isherwood, eds. *Theologies of Liberation in Palestine-Israel.* Eugene, OR: Wipf and Stock, 2014.

Mein, Andrew, and Claudia V. Camp. *Far from Minimal: Celebrating the Work and Influence of Philip R. Davies.* Ed. Duncan Burns and John W. Rogerson. London: T&T Clark, 2012.

Moxnes, Halvor. *Jesus and the Rise of Nationalism: A New Quest for the Nineteenth-Century Historical Jesus.* London: IBTaurus, 2012.

Moxnes, Halvor, Ward Blanton, and James G. Crossley. *Jesus beyond Nationalism: Constructing the Historical Jesus in a Pe- riod of Cultural Complexity.* Bible World (London, England). London: Equinox, 2009.

Munayer, Salim, and Lisa Loden. *The Land Cries Out: Theology of the Land in the Israeli-Palestinian Context.* Eugene, OR: CASCADE Books, 2012.

Nahla Abdo, and Nira Yuval-Davis. "Palestine, Israel and the Zionist Settler Project." In *Unsettling Settler Societies: Articulations of Gender, Race, Ethnicity and Class.* Ed. Daiva K.

Stasiulis and Nira Yuval-Davis, 291–321. London: SAGE Publications, 1995.

New, David S. *Holy War: The Rise of Militant Christian, Jewish and Islamic Fundamentalism.* Jefferson, NC: McFarland, 2001.

Norris, Jacob. *Land of Progress: Palestine in the Age of Colonial Development, 1905–1948.* Oxford: Oxford University Press, 2013.

O'Brien, Julia. "The Hermeneutical Predicament: Why We Do Not Read the Bible in the Same Way and Why It Matters to Palestinian Advocacy." In *The Biblical Text in the Context of Occupation: Towards a New Hermeneutics of Liberation*. Ed. Mitri Raheb, 159–180. Bethlehem: Diyar, 2012.

Pagan, Samuel. "The Theological and Historical David: Con- textual Reading." In *The Biblical Text in the Context of Occupation: Towards a New Hermeneutics of Liberation*. Ed. Mitri Raheb, 329–342. Bethlehem: Diyar Publisher, 2012.

Pappe, Ilan. *The Ethnic Cleansing of Palestine*. 2nd ed. London: Oneworld Publications, 2007.

Paris, Roland. "International Peacebuilding and the 'Mission Civilisatrice.'" *Review of International Studies* 28, no. 4 (2002): 637–656.

Pitkänen, Pekka. "Ancient Israel and Settler Colonialism." *Settler Colonial Studies* 4, no. 1 (2014): 64–81.

———. "Pentateuch–Joshua: A Settler-Colonial Document of a Supplanting Society." *Settler Colonial Studies* 4, no. 3 (2014): 245–76.

———. "Reading Genesis–Joshua as a Unified Document from an Early Date: A Settler Colonial Perspective:" *Biblical Theology Bulletin*, February 3, 2015.

Prior, Michael. *Bible and Colonialism: A Moral Critique*. Sheffield, UK: Sheffield Academic Publishing, 1997.

———. *Zionism and the State of Israel: A Moral Inquiry*. London: Routledge, 1999.

Pugh, M., N. Cooper, and M. Turner, eds. *Whose Peace? Critical Perspectives on the Political Economy of Peacebuilding*. Houndmills, Basingstoke, UK: Palgrave Macmillan, 2008.

"Projected Mid -Year Population for Bethlehem Governorate by Locality 2017–2021." http://www.pcbs.gov.ps/Portals/_Rainbow/Documents/BethlehemE.html.

Raheb, Mitri. *Bethlehem Besieged: Stories of Hope in Times of Trouble*. Minneapolis: Fortress Press, 2004. *Faith in the Face of Empire: The Bible through Palestinian Eyes*. Maryknoll, NY: Orbis Books, 2014. Svensk översättning: *Tro under ockupation – Palestinsk bibeltolkning*. Verbum 2014. *I Am a Palestinian Christian*. Minneapolis: Fortress Press, 1995.

Raheb, Mitri. "Jerusalem in the Age of Trump." In *Jerusalem: Religious, National and International Dimensions*. Ed. Mitri Raheb, 23–34. Bethlehem: Diyar, 2019.

Raheb, Mitri, ed. *The Invention of History: A Century of Interplay between Theology and Politics in Palestine*. Bethlehem: Diyar, 2011.

————. *The Biblical Text in the Context of Occupation: Towards a New Hermeneutics of Liberation*. Bethlehem: Diyar, 2012.

Rantisi, Audeh G. *Blessed Are the Peacemakers: A Palestinian Christian in the Occupied West Bank*. Grand Rapids: Zondervan Books, 1990.

Robinson, Shira N. *Citizen Strangers: Palestinians and the Birth of Israel's Liberal Settler State*. Stanford, CA: Stanford University Press, 2013.

Rouhana, Nadim N. "Religious Claims and Nationalism in Zionism: Obscuring Settler Colonialism," in N. Rouhana and N Shalhoub-Kevorkian, eds. *When Politics are Sacralized: Comparative Perspectives on Religious Claims and Nationalism*. Cambridge: Cambridge University Press, 2021, 54. doi:10.1017/9781108768191.004.

Rouhana, Nadim N & Areej Sabbagh-Khoury. "Settler- Colonial Citizenship: Conceptualizing the Relationship between Israel and Its Palestinian Citizens." *Settler Colonial Studies* 5, no. 3 (2015): 205–225.

Ruether, Rosemary Radford, and Herman J. Ruether. *The Wrath of Jonah: The Crisis of Religious Nationalism in the Israeli- Palestinian Conflict*. New York: HarperCollins, 1989.

Sabbagh-Khoury, Areej. "Tracing Settler Colonialism: A Genealogy of a Paradigm in the Sociology of Knowledge Production in Israel." *Politics & Society* 50, no. 1 (2021): 44.

Said, Edward W. *Orientalism*. New York: Vintage, 1979.

————. "Zionism from the Standpoint of Its Victims." *Social Text*, no. 1 (1979): 7–58.

Salaita, Steven. *Holy Land in Transit: Colonialism and the Quest for Canaan*. Syracuse, NY: Syracuse University Press, 2006.

————. *Inter/Nationalism: Decolonizing Native America and Palestine*. 3rd ed. Minneapolis: University of Minnesota Press, 2016.

Sand, Shlomo. *The Invention of the Jewish People*. London: Verso, 2009.

————. *The Invention of the Land of Israel*. London: Verso, 2012.

Sayegh, Fayez A. *Zionism: A Form of Racism and Racial Discrimination: Four Statements Made at the U.N. General Assembly*. Office of the Permanent Observer of the Palestine Liberation Organization to the United Nations, 1976.

Sayegh, Fayez Abdullah. *Zionist Colonialism in Palestine*. Research Center, Palestine Liberation Organization, 1965.

Sayigh, Rosemary. "Oral History, Colonialist Dispossession, and the State: The Palestinian Case." *Settler Colonial Studies* 5, no. 3 (2015): 193–204.

Segovia, Fernando F. "Criticism in Critical Times: Reflections on Vision and Task." *Journal of Biblical Literature* 134, no. 1 (2015): 6.

———. "Engaging the Palestinian Theological-Critical Project of Liberation: A Critical Dialogue." In *The Biblical Text in the Context of Occupation: Towards a New Hermeneutics of Liberation.* Ed. Mitri Raheb, 29–80. Bethlehem: CreateSpace Independent Publishing Platform, 2012.

Sizer, Stephen. *Christian Zionism: Road Map to Armageddon?* Leicester, UK: Inter-Varsity, 2004.

Shihade, Magid. "Settler Colonialism and Conflict: The Israeli State and Its Palestinian Subjects." *Settler Colonial Studies* 2, no. 1 (2012): 108.

Slabodsky, S. *Decolonial Judaism: Triumphal Failures of Barbaric Thinking.* New York: Palgrave Macmillan, 2014.

Stasiulis, Daiva K & Nira Yuval-Davis, eds. *Unsettling Settler Societies: Articulations of Gender, Race, Ethnicity and Class.* London: SAGE Publications, 1995.

Sugirtharajah, R S. *Exploring Postcolonial Biblical Criticism History, Method, Practice.* Chichester, UK2012.

Tarazi, Paul Nadim. *Land and Covenant.* Place of publication not identified: OCABS Press, 2009. Thompson, Derek. "Three Decades Ago, America Lost Its Religion. Why?" *The Atlantic*, September 26, 2019. https://www. theatlantic.com/ideas/archive/2019/09/atheism-fastest-    growing-religion-us/598843/.

Thompson, Thomas. *Early History of the Israelite People: From the Written & Archaeological Sources.* Leiden, the Netherlands: Brill Academic Publishers, 1841.

Tinker, George E. *Missionary Conquest: The Gospel and Native American Cultural Genocide.* Minneapolis: Fortress Press, 1993.

Tubb, Jonathan N. *Canaanites.* Illustrated ed. Norman: University of Oklahoma Press, 1999.

Turner, Mandy. "Completing the Circle: Peacebuilding as Colonial Practice in the Occupied Palestinian Territory." *International Peacekeeping* 19, no. 4 (2012): 492–507.

———. "Peacebuilding as Counterinsurgency in the Occupied Palestinian Territory." *Review of International Studies* 41, no. 1 (2015): 1–26.

UNESCO World Heritage Centre. "Palestine: Land of Olives and Vines—Cultural Landscape of Southern Jerusalem, Bat- tir." https://whc.unesco.org/en/list/1492/.

United Nations Office for the Coordination of Humanitarian Affairs—Occupied Palestinian Territory. "West Bank Barrier." https://www.ochaopt.org/theme/west-bank-barrier.

Veracini, L. *Settler Colonialism: A Theoretical Overview*. Houndmills, Basingstoke, UK: Palgrave Macmillan, 2010.

―――. *The Settler Colonial Present*. Houndmills, Basingstoke, UK: Palgrave Macmillan, 2015.

Veracini, Lorenzo. *Israel and Settler Society*. London, UK: Pluto Press, 2006.

―――. "The Other Shift: Settler Colonialism, Israel, and the Occupation." *Journal of Palestine Studies* 42, no. 2 (2013): 26–42.

―――. "What Can Settler Colonial Studies Offer to an Interpretation of the Conflict in Israel–Palestine?" *Settler Colonial Studies* 5, no. 3 (2015): 268–71.

Warrior, Robert Allen. "A North American Perspective: Canaanites, Cowboys, and Indians." In *Voices from the Margin: Interpreting the Bible in the Third World*. Ed. R S Sugirtharajah, 25th Anniversary ed., 235–241. Maryknoll, NY: Orbis Books, 2016.

West, Jim, and James G. Crossley. *History, Politics and the Bible from the Iron Age to the Media Age: Essays in Honour of Keith W. Whitelam*. London: Bloomsbury T&T Clark, 2017.

WhiteHouse.gov. "Proclamation on Recognizing the Golan Heights as Part of the State of Israel." https://www.whitehouse. gov/presidential-actions/proclamation-recognizing-golan-    heights-part-state-israel/.    ―――. "Statement by President Trump on Jerusalem." https:// www.whitehouse. gov/briefings-statements/statement-presi- dent-trump-jerusalem/.

Whitelam, Keith W. *The Invention of Ancient Israel: The Silencing of Palestinian History*. London: Routledge, 1996.

Wolfe, Patrick. "Settler Colonialism and the Elimination of the Native." *Journal of Genocide Research* 8, no. 4 (2006): 387–409.

―――. *Settler Colonialism and the Transformation of Anthropology: The Politics and Poetics of an Ethnograph Event*. London: Continuum, 1999.

Younan, Munib. *Our Shared Witness: A Voice for Justice and Reconciliation*. Minneapolis: Lutheran University Press, 2012.

―――. *Witnessing for Peace: In Jerusalem and the World*. Minneapolis: Fortress Press, 2003.

Zureik, Elia. *Israel's Colonial Project in Palestine: Brutal Pursuit*. London: Routledge, 2015.

————. *The Palestinians in Israel: A Study in Internal Colonialism.* London: Routledge & K Paul, 1979.

# Introduktion till bilagan

Boken *Decolonizing Palestine* gavs ut i mitten av september 2023, bara tre veckor före den 7 oktober. Den kom ut vid en läglig tidpunkt. De israeliska grymheterna i Gaza bekräftade min huvudpoäng i boken, det vill säga:

Det israeliska projektet var, och fortsätter att vara, det senaste koloniala projektet med vita europeiska bosättare. President Trump föreslog att två miljoner palestinier som bor i Gaza kunde fördrivas och flyttas till Egypten, Jordanien eller Saudiarabien, med syftet att placera vita judisk-amerikanska bosättare i Gaza och göra området till Mellanösterns Riviera. Det vi ser här är den skamlösa och omaskerade koloniala ideologin för vita bosättare.

Folkmordet i Gaza och planerna på etnisk rensning utmanar oss att utveckla en teologi efter Gaza.

*Mitri Raheb*

# Teologi efter Gaza
## *Politisk kontext och teologisk utmaning*

Efter Israels belägring av palestinierna i Beirut 1982 skrev den palestinske poeten Mahmoud Darwish, som kände sig övergiven av arabländerna, sin berömda dikt med titeln *High Shadow Praise* där han sade:

> *Våra stubbar: våra namn*
> *Nej. Det går inte att fly!*
> *Fallit har den, masken.*
> *Och masken som täcker masken.*
> *Masken är fallen!*
> *Du har inga bröder, min bror.*
> *Inga vänner, inga fort, min vän.*
> *Du har inget vatten och inget botemedel.*
> *Ingen himmel, inget blod, inga segel.*
> *Ingenting framför och ingenting bakom.*[1]

Om belägringen av Beirut 1982 fick masker att falla och avslöjade de arabländer som gav läpparnas bekännelse till palestinierna samtidigt som de övergav dem, har Gaza 2023–2024 avslöjat det internationella samfundets masker. Deras masker har också fallit. Vi var medvetna om att världen inte var rosenskimrande, men Gaza har visat oss de verkliga ansiktena utan smink. Gaza blev ett förstoringsglas som avslöjade detaljerna i det fula ansiktet som inte var uppenbara tidigare; nu kan vi se saker och ting som de är och förstå världens tillstånd tydligare.

# Den globala kontexten

### *Israel: Det sista bosättarkoloniala projektet* [2]

Händelserna den 7 oktober 2023 kan inte ses isolerade från det större israelisk-palestinska sammanhanget. Överraskningsattacken under en judisk högtid och antalet israeliska dödsoffer och gisslan som Hamas tog i Gaza skakade om världen och utlöste en ström av extraordinärt stöd för den israeliska staten. Det som har hänt sedan dess är ännu en avsiktlig handling av den israeliska staten för att etniskt rensa ut det palestinska folket i Gaza. Detta kan inte ses som en isolerad händelse eftersom Gaza i dag väcker minnen av den etniska rensningen av palestinier under Nakba (katastrofen) 1948. Det går inte att bortse från att de flesta människor i Gaza är före detta flyktingar som fördrivits från sina städer och byar av judiska terroristgrupper som tvingat dem att fly till Gaza.

Det som sker i Palestina kan inte beskrivas som en konflikt. Det är inte en konflikt mellan två politiska partier. Det är inte heller en religiös konflikt mellan muslimer å ena sidan och judar å den andra. Det är inte ett krig mellan Israel och Hamas. Snarare är det ytterligare ett steg i en pågående bosättarkolonisering av palestinsk mark och med fördrivning av palestinska invånare. Israel är det sista europeiska bosättarkoloniprojektet i modern historia och måste ses som en fortsättning på bosättarkoloniseringen av Nordamerika, Sydafrika, Australien osv. Staten Israel stöds av västvärlden eftersom den är en del av det europeiska koloniala bosättarprojektet. Det är deras baby.

Koloniseringen av Palestina började som ett kolonialistiskt projekt i det brittiska imperiet där europeiska judar gjordes till redskap. I dag är Israel ett bosättarkolonialt projekt inom ramen för det amerikanska imperiet. Skillnaden mellan bosättarkolonialism och klassisk eller nykolonialism är att bosättare reser till ett annat land för att bosätta sig där för gott med det slutgiltiga målet att eliminera ursprungsbefolkningen. För att uppnå detta mål beskrivs ursprungslandet som *terra nullius*, ett ofruktbart land som väntar på att utvecklas, och den befintliga befolkningen som vilda, bakåtsträvande terrorister som måste övervakas. Nybyggarna, å andra sidan, hyllas som civiliserade pionjärer som får öknen att blomma genom att göra den inhemska marken till sin egen privata egendom.

## Israel: En stat som begår folkmord

Under de senaste månaderna har många masker fallit. Bilden av Israel som det ultimata offret har krossats. Förintelsen av judarna i Europa ledde till att FN:s generalförsamling 1948 antog konventionen om förebyggande och bestraffning av brottet folkmord[3]. Nu har Internationella domstolen funnit trovärdiga argument för att det är staten Israel, som skulle vara en fristad för överlevande från Förintelsen, som begår krigsförbrytelser och folkmord i Gaza[4].

Myten om en judisk demokratisk stat har krossats av dess fascistiska regering som stolt visar upp sina koloniala ambitioner och inte gör några försök att dölja dem. Koloniseringen av Västbanken fortsätter i en aldrig tidigare skådad takt och förvandlar varje palestinsk stad till en township, en bantustan, om än i en mycket mindre geografisk skala än i Sydafrika. Det bör noteras att Human Rights Watch.[5] Amnesty International[6] och den israeliska människorättsorganisationen B'Tselem[7] har beskrivit situationen i Israel/Palestina som apartheid med ett lagstadgat system för segregation.

Det yttersta målet med det israeliska angreppet är att göra Gazaremsan till ett obeboeligt område.[8] Hur ska man annars förklara att man riktar in sig på infrastruktur (65 procent av vägnätet skadat), bostadshus (60 procent skadade), kommersiella anläggningar (80 procent skadade) och sjukhus (90 procent ur funktion). Genom att förstöra skolor (88 procent skadade) och universitet (100 procent av universiteten förstörda, inklusive Dar al-Kalima campus i Gaza) begår Israel skolmord.[9] Med förstörelsen av de viktigaste kulturinstitutionerna, museerna, de forntida arkeologiska platserna och Gazas kulturarvsplatser (206) och gudstjänstlokaler (556 moskéer och tre kyrkor) begår Israel kulturmord.[10]

Antalet palestinier som mördats i Gaza har nått 50 000, 10 000 saknas, 100 000 har skadats och två miljoner (80 procent av befolkningen) har tvingats på flykt. Förutom att människor berövas medicinsk hjälp, adekvat skydd eller sanitet, lider tusentals patienter av njursvikt, hjärtsjukdomar och cancer och dör på grund av bristande tillgång till hälso- och sjukvård. Tusentals lider av sjukdomar som polio, hepatit och andra infektioner på grund av brist på vaccin, rent vatten eller hygien. Israel begår självmord på människor. Dessutom använder Israel svält som ett vapen genom att beröva människor tillgång till tillräckligt med mat och vatten och hindra förnödenheter från att komma in i Gaza. Israel har släppt nära hundra tusen ton sprängämnen över Gazaremsan, inklusive 900-kilos så kallade dum-bomber utan styrsystem. Anfallet mot Gaza har orsakat allvarliga kroppsliga och psykiska skador som det kommer att ta årtionden att läka. Denna politik och den överdrivna och oproportionerliga användningen av våld utgör ett folkmord enligt Internationella domstolen. Israels yttersta mål är att göra livet i Gaza till ett sådant helvete att de som överlever folkmordet inte har något annat val än att söka skydd någon annanstans och på så sätt etniskt rensa Gaza. Detta fick stöd av Trump när han åter blev president.

## Västerländska demokratier: Folkmord möjliggörs

Masken har fallit från de så kallade demokratiska länderna i väst. Inget folkmord i mänsklighetens historia har fått så mycket medieutrymme som dokumenterar händelserna dag efter dag, timme efter timme. Ändå har dessa västländer inte bara misslyckats med att förhindra folkmordet från att äga rum; många är dessutom medskyldiga till att förse Israel med nödvändiga vapen, stödja Israel politiskt i

FN:s säkerhetsråd, inklusive att lägga in veto mot resolutioner om vapenvila, och hjälpa Israel juridiskt i Internationella domstolen och Internationella brottmålsdomstolen. Flera länder har gått så långt som att anta lagar som krymper utrymmet för yttrandefrihet om Palestina och kriminaliserar allt stöd till folket i Gaza. Ord som bosättarkolonialism, folkmord och apartheid är officiellt förbjudna inom politik, kyrka och media i Tyskland. Partnerorganisationer som använder dessa termer svartlistas och hotas med nedskärningar i finansieringen. Som Mbembes arbete om nekropolitik[11] visade har samtida samhällen övergett demokratin och återupplivat koloniala metoder för att skapa en värld av död.

### *Västerländsk kunskapsproduktion: Medskyldig!*

Medan de västerländska demokratierna förser Israel med den nödvändiga *hårdvaran*, tillhandahåller många västerländska akademiker från olika discipliner *mjukvaran*, dvs. det intellektuella resonemanget för att försvara Israel och befästa dess straffrihet. Som exempel kan nämnas det öppna brevet från Jürgen Habermas och tre andra filosofer med titeln "A Statement on Principles of Solidarity"[12], där Hamas ensidigt anklagades för att försöka "eliminera judiskt liv" och Israel rentvåddes från alla begångna fel eller avsikter att begå folkmord. Det är intressant att just den filosof som gjorde karriär på att försvara det offentliga rummet faktiskt kom att försvara det krympande utrymmet för det offentliga samtalet om Palestina i Tyskland. Detta uttalande förblev inte utan respons och utlöste ett motuttalande från flera akademiker som krävde mänsklig värdighet för alla.[13]

Nedtystandet av fria uttalanden om Palestina har en lång historia men nådde nya nivåer i akademiska kretsar efter den 7 oktober 2023. Efter Hamas attack uppmanades många amerikanska universitetsrektorer av pro-israeliska grupper att fördöma attacken och visa att de står på Israels sida. Stora donatorer hotade att dra in sitt ekonomiska stöd till akademiska institutioner om de inte följde uppmaningen. Det är inte konstigt att många av de uttalanden som gjordes var ensidiga, inte tog hänsyn till det större sammanhanget och använde ett provocerande språk som inte är förenligt med akademiska resonemang. Pressen på universitetsrektorer som vägrade att tysta studenternas röster eller förbjuda studentgrupper att uttrycka sitt stöd för Palestina ledde slutligen till att Penns rektor Liz Magill avgick den 10 december 2023 och Harvards första svarta afrikanska rektor Claudine Gay föjde exemplet den 2 januari 2024. Det här var inga undantag, och hundratals akademiker i många länder stängdes av för att de vägrade inta en pro-israelisk hållning.[14]

Teologerna var inte bättre lottade. Efter den 7 oktober gjordes ensidiga uttalanden av många kyrkor, seminarier och teologiska nätverk, bland annat av Society for Biblical Literature (SBL).[15] Efter påtryckningar godkände sällskapets råd följande uttalande med majoritetsbeslut den 16 oktober:

> The Society of Biblical Literature (SBL) fördömer kraftfullt terrorattackerna i Israel som initierades av Hamas den 7 oktober 2023. Slakten av oskyldiga, tagandet av gisslan, den hänsynslösa förstörelsen och de pågående grymheterna mot civila icke-stridande är fruktansvärda och motsätter sig de värderingar vi omfattar som människor och som ett professionellt sällskap som ägnar sig åt att främja forskning om Bibeln. Vi är oroade över det efterföljande uppsvinget i antisemitiskt våld i USA och globalt och uppmuntrar var och en av er i vårt forskarsamhälle att stå fasta mot sådana handlingar i era egna akademiska institutioner. Som professionell organisation står vi i solidaritet med Israels folk och vill stödja alla som påverkas av dessa tragiska händelser, särskilt våra medlemmar och deras familjer.[16]

Många SBL-medlemmar var missnöjda, och de skrev till rådet den 19 oktober och uppmanade det att "inta en principiell, genomtänkt och moralisk ståndpunkt och att rätta till detta 'ensidiga' uttalande med ett lika passionerat offentligt uttalande som fördömer de israeliska krigsförbrytelserna apartheid och etnisk rensning som också uttrycker solidaritet med den starkt hotade palestinska befolkningen."[17] I detta brev tog de upp många viktiga frågor som gäller för andra liknande uttalanden. De skrev bland annat:

> Samtidigt som vi fördömer allt våld som utövas mot palestinska eller israeliska civila, är vi förskräckta över SBL:s totala tystnad i frågan om de massiva kränkningar av de mänskliga rättigheterna som obevekligt utförs av den israeliska militären mot en hel civilbefolkning som är instängd av gränser som de inte kan passera och av de internationellt bekräftade krigsförbrytelser som utförs av den israeliska regeringen, en regering som berövar en hel civilbefolkning de viktigaste förutsättningarna för livet (mat, vatten, elektricitet och bränsle). Vi är lika oroade över SBL:s oförmåga att fördöma de pågående och massiva krigsförbrytelser som begås av den israeliska militären i Gazaremsan...
>
> Dessutom är vi chockade över att ni finner det omöjligt att nämna de grundläggande orsakerna till detta krig, liksom till så många krig som föregått det, i den pågående 56-åriga och alltjämt pågående bosättarkoloniala militära ockupationen av det palestinska folket av staten Israel. Vi är chockade över er vägran att fördöma det systematiska israeliska förtryck som utövas i Palestina och som återigen har uppmärksammats internationellt på grund av händelserna under de senaste två veckorna. Vi vill gärna tro att ni, i egenskap av ledare för Society of Biblical Literature, är både tillräckligt medvetna och mogna för att hålla flera, komplexa och svåra sanningar i era sinnen och hjärtan samtidigt. Vi är djupt besvikna över att upptäcka att detta inte framgår av ert nuvarande uttalande. Genom att inte nämna palestinierna vid

namn begår ni inte bara en akademisk etnisk rensning av ett helt folk, utan ni använder också ett propagandistiskt språk som är olämpligt för en respekterad akademisk organisation. Allt material som publiceras av SBL och som inte följer internationell lag och de bibliska begreppen rättvisa, fred och mänsklig värdighet för alla, tjänar som ren propaganda för staten Israel. Det är skadligt för SBL:s trovärdighet.[18]

Detta brev och många medlemmars missnöje fick rådet att den 20 oktober göra ett andra uttalande som var något mer nyanserat, men som likställde förtryckarna med de förtryckta.

Gaza har öppnat våra ögon för att den västerländska kunskapsproduktionen är korrupt och måste studeras med en misstänksamhetens hermeneutik. Mot bakgrund av hur folkmordet i Gaza skildras, varför ska vi i Palestina och det globala syd lita på västerländsk historieskrivning, epistemologi eller till och med teologi? Det finns ett akut behov av att avkolonisera den västerländska akademiska världen, som har formats av nybyggarkolonialismen, och att investera mer i inhemsk kunskapsproduktion.[19]

## Gaza: En uppmaning: Avkolonisera teologin

Kristen teologi har varit medskyldig till nästan alla koloniala projekt, inklusive Nordamerika, Sydafrika och Australien. I sin bok *Missionary Conquest: The Gospel and Native American Cultural Genocide*, argumenterade George Tinker, en luthersk teolog från den amerikanska ursprungsbefolkningen:

Europas koloniala erövring av Amerika utkämpades till stor del på två separata men symbiotiskt relaterade fronter. Den ena fronten var relativt öppen och tydlig; den omfattade den politiska och militära strategi som drev bort invånare från deras mark för att ge plats åt den mer "civiliserade" erövraren. Man arbetade för att beröva ursprungsbefolkningen allt fortsatt självstyre eller självbestämmande. Den andra fronten, som var lika avgörande för erövringen om än mer subtil och mindre tydlig, var den religiösa strategi som följdes av missionärer från alla samfund... I denna erövring, liksom i den europeiska erövringen av indiska folk, blir teologi en avgörande ingrediens och missionärer en viktig strategisk falang.[20]

Gaza är en brådskande väckarklocka för insikten att teologin behöver avkoloniseras. Förintelsen utlöste tidigare en uppmaning till teologin att reflektera över sina antijudiska tendenser, att ångra sig och att utveckla en teologi efter Auschwitz. Det hade varit katastrofalt om teologerna då hade fortsatt att utveckla teologin som om ingenting hade hänt i Europa och som om teologin inte var delaktig i folkmordet på människor av judisk tro. På samma sätt kan teologin efter Gaza inte vara samma teologi som före. Konservativa och liberala kristna sionister har med sina prosionistiska teologier och ideologier tillhandahållit och fortsätter att producera kunskap som demoniserar det palestinska folket och därigenom möjliggör bosättarkolonialism och folkmord.

Idag finns det sex teologiska utmaningar från Gaza och som kräver ytterligare uppmärksamhet framöver.

### *En ny korsets teologi!*

Kyrkorna i väst har lärt sig att förstå korset genom den ställföreträdande försoningen: Jesus dog för att betala för våra synder; han led som en ställföreträdare i stället för och på uppdrag av vår fallna mänsklighet; hans död gjorde det möjligt för dem som tror på honom att bli frälsta. Vissa har gått så långt som att förklara att den blödande Kristus på korset var det enda offer som kunde stilla Guds vrede och uppnå vedergällande rättvisa. Det är sant att det finns flera bibelverser som kan uppfattas som stöd för en försoningsteologi. Jesus själv beskriver sin död som en "lösen för många" (Mark 10:45; Matt 20:28); Paulus använder termen "försoningsoffer" (Rom 3:25); Första Johannesbrevet skriver att Gud sände sin son "för att vara försoningsoffret för våra synder" (1 Joh 4:10). Jes 53:4–6 tolkades av den första kyrkan på ett sådant sätt.

> Men det var våra sjukdomar han bar, våra plågor han led, när vi trodde att han blev straffad, slagen av Gud, förnedrad. Han blev pinad för våra brott, sargad för våra synder, han tuktades för att vi skulle helas, hans sår gav oss bot. Vi gick alla vilse som får, var och en tog sin egen väg, men Herren lät vår skuld drabba honom.

Detta avsnitt i Jesaja var den text som lästes av den etiopiske hovmannen på väg från Jerusalem till Gaza. När han mötte Filippos bad han om en hermeneutisk nyckel för att läsa denna text: "Säg mig, vem talar profeten om, sig själv eller någon annan?" (Apostlagärningarna 8:34). Den tidiga kyrkan såg i detta kapitel en profetia om Jesus och hans död på korset. Men tänk om Jesaja inte talade om sig själv eller om Kristus, utan om folket i Palestina; inte om en individ, oavsett vem den individen är, utan om ett helt folk? Ett stort problem i teologin i väst är att den har individualiserat och förandligat skriften. Frälsningen uppfattades som något för individen (för mig) och för den egna själen. Den västerländska teologin har varit besatt av synden: man uppfann idén om arvsynden och utvecklade uppförandekoder för att bekämpa synden.

Tyska teologer började på 1800-talet läsa "tjänarsångerna" i Deutero-Jesaja som en ursprunglig beskrivning av kollektivet "Israel" eller folket i södra Palestina. Denna text skrevs efter den babyloniska invasionen av södra Palestina. Babylonierna ödelade landet, förstörde Jerusalem, fängslade ungdomarna och skickade många av dem i exil. Efter katastrofen år 587 f Kr var folket i södra Palestina verkligen "föraktade och förkastade av mänskligheten". Deras lidande och smärta (Jesaja 53:3) var outhärdligt.

Sådant lidande och förtryck var en återkommande erfarenhet för folket i Palestina, oavsett religion, etnicitet eller politisk inriktning. Detta har mindre att göra med folkets religion och mer med Palestinas geopolitiska läge. Palestina är ett land som hänger på korset. På grund av det geopolitiska läget mellan olika regimer har Palestina ockuperats om och om igen: ockuperat av de antika och moderna imperierna, av egyptier, assyrier, babylonier, perser, greker, romare, araber, korsfarare, ottomaner, britter och israeler. Tyvärr verkar det som om Palestina och ockupation är synonyma, precis som Palestina och korset är synonyma.

Det är inte bara Palestina som hänger på korset, det är även dess invånare. Palestinas folk har ockuperats, krossats och förtryckts av det ena imperiet efter det andra. Det är frustrerande att känna att ens land och folk inte ockuperas av en jämlike utan av ett imperium, om än genom ombud. Det är inte lätt att leva i Palestina och överleva fysiskt och ännu mer psykologiskt och känslomässigt. Men det är i sådana förhållanden som Palestinas folk gång på gång har befunnit sig. Det var i detta sammanhang som Bibeln skrevs. Och det är det sammanhang som palestinierna möter i dag. Genom hela historien har Palestinas folk varit "märkta av korset". Palestina och korset blev synonyma. När man letar efter en identitetskod för Palestina finns det inget som är mer kraftfullt än korset.

Det som hände på profeten Jesajas tid år 587 f Kr är en bagatell jämfört med det som händer i Gaza i dag. Den västerländska teologin var upptagen av individens synd snarare än systemets synd. Det var en kombination av det romerska rikets statsterror och den tidens religiösa etablissemang som förde Jesus till korset.[21] Tjänaren som "utrotades från de levandes land" blir en symbol för alla tiders "nekropolitik". Det är korset som kan öppna våra ögon för den systematiska nekropolitiken i vår tid. Jesus dog "för folket" för att "hela folket" inte skulle gå under (Joh 11:50). Korset är således den tydligaste domen mot vår tids nekropolitik. Jesus dog "för folket", för alla människor, så att de skulle kunna leva och blomstra. Alla människor förtjänar att ha liv och leva i överflöd. Det är korset följt av uppståndelsen som ger oss styrkan att motstå vår tids nekropolitiska krafter och förkunna en alternativ livgivande vision för vår värld.

## En teologi för apokalypsen!

Bilderna av den omfattande förstörelsen av hela landskap, byggnader och stadsdelar, av F-16-jetplan, drönare och helikoptrar som flyger över och slår till mot Gaza, scenerna med tusentals fördrivna palestinier som springer i skräck, barnen med tomma burkar som väntar på matstationer för att få lite soppa att äta, bilderna av skadade kvinnor som är strandsatta i korridorerna på de återstående sjukhusen skulle alla kunna vara scener från en apokalyptisk film. Ändå är detta inte science fiction utan verkligheten i Gaza. Apokalypsen är verklig, apokalypsen är nu.

Den viktigaste frågan är hur man ska tolka denna apokalyps. Detta är inte det Harmageddon som de kristna sionisterna drömmer om och som annonserar den yttersta tiden och föregår Jesu återkomst. Det är inte den slutliga striden mellan det godas och det ondas makter som George W Bush en gång beskrev den. Inte heller är det som Netanyahu beskrev det inför kongressen, som "en sammandrabbning mellan barbari och civilisation. Det är en kamp mellan dem som glorifierar döden och dem som helgar livet." Detta språk kommer ironiskt nog från en premiärminister som utövar nekropolitik. Det är utan tvekan ett bosättarkolonialt språk som talas av premiärministern och som står för det sista bosättarkoloniala projektet i modern historia.

Men vi lever nu i en tid av apokalyps eftersom ridån har gått upp, masken har fallit och vi kan se och förstå mycket tydligare. I Uppenbarelseboken kämpade Johannes mot det romerska imperiet. Palestinierna kämpar inte mot staten Israel utan mot ett mycket mäktigare odjur. "Ty det är inte mot varelser av kött och blod vi har att kämpa utan mot härskarna, mot makterna, mot herrarna över denna mörkrets värld, mot ondskans andekrafter i himlarymderna" (Efesierbrevet 6:12). Apokalyptisk litteratur, rätt förstådd, är inte en litteratur om imperier. Tvärtom ska den läsas som en litteratur om motstånd mot imperiet. För att uttrycka det enkelt är det imperiet med sin militära dödsmaskin, sina globala kapitalvapen, sin politiska makt, sin kunskapsproduktion, sina medier och sina teologiska resonemang som förtrycker palestinierna i Gaza och i hela Palestina. Gaza är inte ett isolerat fall utan ett paradigm för det större globala syd som upplevt bosättarkolonialism, exploatering av naturresurser och vars folk dödades av "svärd, svält och pest" (Uppenbarelseboken 6:8).

En teologi efter Gaza måste vara en teologi för ett sammanhang med apokalyps och folkmord. Den måste återspegla stundens akuta, omedelbara behov och får inte väja för att konfrontera och göra motstånd mot imperiets teologi. Den måste återge rösterna från de martyrer som slaktats av imperiet snarare än ljudet av imperiet med dess megafoner. Dessa oskyldiga martyrer (barn och kvinnor) finns i dag i Gaza.

## Frågan om Gud

Imperiet utlöser frågor om Gud. Imperiet beter sig som Gud. Med sin övervakningskapacitet är den allestädes närvarande; med sin politiska, ekonomiska och militära makt är den allsmäktig; med sin datorkraft är den allvetande. De som står inför imperiet känner dess hetta på sina kroppar och ropar högt: "Hur länge, du helige och sannfärdige härskare, skall du dröja med att hålla dom och utkräva hämnd för vårt blod på jordens invånare?" (Uppenbarelseboken 6:10). Hur länge, o Herre, är en fråga som hörs dagligen i Gaza. Det har redan gått mer än ett år utan något verkligt slut i sikte. Även om anfallet skulle upphöra i morgon kommer det att ta år, om inte decennier, för människor att få ordning på sina liv.

De som förtrycks av imperiet utmanar ofta Gud och frågar: "Gud, var är du?"[22] Munther Isaac, pastor i Christmas Lutheran

Church i Betlehem, myntade i sin julpredikan 2023 uttrycket att
Gud finns under rasmassorna.[23] Men människorna i Gaza ställde
inte frågan "Gud, var är du?" Tvärtom, varje gång någon mördades
av en krypskytt, ett hus förstördes av en missil eller till och med
en moské jämnades med marken av ett flyganfall, var de viktigaste
orden som människorna i Gaza upprepade *hasbia Allahu wa ni'mal
wakeel,* vilket betyder "Gud är allsmäktig och han är den bäste att
lita på". Människorna i Gaza kände sig inte övergivna av Gud utan
av mänskligheten. De frågar hela tiden: "Var är arabvärlden? Var är
de muslimska länderna? Var är kyrkan? Var är människorättsorgani-
sationerna?" Tystnaden är öronbedövande. Människorna i Gaza för-
lorade inte sin tro på Gud utan sin tro på mänskligheten.

Västvärlden har pumpat in miljontals dollar i det civila sam-
hället och icke-statliga organisationer i Palestina för att "undervisa"
palestinierna om mänskliga rättigheter. Flera program om mänskliga
rättigheter har lanserats av USAID, det tyska utrikesministeriet och
de skandinaviska länderna, bara för att palestinierna ska upptäcka att
deras rättigheter som människor inte räknas. Till och med när palesti-
nierna vände sig till de högsta juridiska organen, som Internationella
domstolen och Internationella brottmålsdomstolen, ställde sig sam-
ma västerländska demokratier som predikade för dem om mänskliga
rättigheter på Israels sida och försvarade Israel.

> *Du har inga bröder, min bror,*
> *Inga vänner, inga fort, min vän.*
> *Du har inget vatten och inget botemedel*
> *Ingen himmel, inget blod, och inga segel.*
> *Ingen framsida och ingen baksida.*
>
> Mahmoud Darwish

Teologin efter Gaza behöver inte utveckla tjusiga teologiska kon-
struktioner. Det är inte vad människorna i Gaza behöver. Teologin
efter Gaza måste vara ett tydligt och orubbligt ställningstagande för
de förtryckta, den måste avslöja västländernas hyckleri och avko-

lonisera de mänskliga rättigheternas selektivitet för att återupprätta tron på mänskligheten.

## Den vita guden

Kriget i Gaza tvingade palestinierna att fråga sig själva om de mänskliga rättigheterna verkligen är universella. Gäller de för alla oavsett ras, etnicitet, hudfärg, kön eller religion? Palestinierna blev utsatta för hyckleriet i de västerländska så kallade demokratierna som gick samman för att försvara Ukraina mot den ryska ockupationen, men som sedan ställde sig på ockupanten Israels sida. Palestinierna kallar detta för västvärldens dubbelmoral. De frågar sig om USA och Europa skyndade sig att försvara ukrainarna bara för att de är européer med vit hy, medan de bryr sig mindre om palestinierna med sin olivfärgade hy och arabiska etnicitet. Det verkar som om orientalismen lever och frodas i Europa, och till och med växer som svampar ur jorden under den politiska högerns populism.

Vit överhöghet dyrkar en vit Gud. Vit överhöghet med sin så kallade judisk-kristna tradition har utvecklats till att vara antagonistisk mot den muslimska världen. Palestinier uppfattas som muslimer och upplever islamofobi trots att många är kristna, medan judar uppfattas som vita askenaziska européer trots att många sefardiska judar har brun hy. Den vita europeiska kristna överhögheten och den askenazijudiska överhögheten är två sidor av samma mynt. Denna vita överhöghet med sin nekromakt delar in människor i olika kategorier, mellan dem som förtjänar att leva och vars rättigheter ska skyddas, och dem som inte är värdiga och är förutbestämda att dö, eller för att citera Mbembe, fortsätta som de *levande döda*. Teologin efter Gaza måste avkolonisera den vita guden, avslöja de vitas överhöghet, och ställa sig på de människors sida som upplever rasism i alla dess former.

## Från krigargud till krigarstat

Andra Moseboken spelade en viktig roll i befrielseteologierna. Befrielseteologierna hyllade den befriande Gud som ledde sitt folk från

träldom till frihet. Ändå ägnades lite uppmärksamhet åt den krigar-
gud som långsamt blir synlig i berättelsen (Andra Moseboken 14; 15;
17) och mycket tydligare i den deuteronomistiska litteraturen. Redan
i Andra Moseboken skildras Gud som en krigare: "Herren är en käm-
pe – Herren är hans namn" (2 Mos 15:3). I Andra Moseboken får vi
också höra om Israels krig mot Amalek. Gud som krigaren blir mer
synlig i Josuas bok vid erövringen av Kanaan, och i Domarboken. I
Uppenbarelseboken utvidgas detta krig till ett kosmiskt krig mellan
Gud och Satan.

Josuas bok är den perfekta skissen till en bosättarkolonial ide-
ologi och teologi. Vid presskonferensen som hölls inför att de israe-
liska trupperna var redo att invadera Gaza den 27 oktober 2023 hän-
visade Netanyahu till Bibeln och förklarade: "Ni måste komma ihåg
vad Amalek har gjort mot er, säger vår heliga bibel." Han hänvisade
till Första Samuelsboken 15:3 där vi läser: "Dra nu ut och krossa ama-
lekiterna och vig dem åt förintelse med allt som tillhör dem. Skona
ingen utan döda alla, både män och kvinnor, barn och spädbarn, oxar
och får, kameler och åsnor." Netanyahu är inget undantag; att göra
erövringsberättelsen och krigarguden till vapen har varit ett inslag
i Israels politiska och religiösa retorik under hela 1900-talet. Rab-
bi Zvi Yehuda Kook (1890–1982) uppfattade bosättarkolonialismen
som gudomligt beordrad: "Erövringen av Israels land för att etablera
vårt styre i det är ett gudomligt ordnat krig. ...Josua gjorde det klart
för invånarna i landet: det här landet är vårt. Det står under vår över-
höghet."[24] För Ben Gurion var Josuas bok, med dess fokus på militär
erövring och bosättningar på marken, en plan för koloniseringen av
Palestina. Gurion skrev:

> Ockupation, bosättning, stam, nation – jag tvivlar på att ett
> utspritt och splittrat folk som inte har något land och ingen
> självständighet kan känna till den sanna innebörden av dessa
> ord och deras fulla innehåll. De som inte deltar i erövring kan
> inte veta vad som ingår i erövringsakten. Det är samma sak

med bosättning. Det var först i och med Israels upprättande i vår generation som dessa abstrakta begrepp fick hud, senor och kött, så att vi känner till deras innehåll och väsen.[25]

Josuas bok var också central för en annan israelisk general, Moshe Dayan, som såg sig själv som den verkliga moderna Josua. I sin bok *Living with the Bible* skrev Dayan:

> Vi är den bibliska generationen i bosättningen, efter Josuas erövring, och hjälmen och svärdet är grundläggande krav. Det kommer inte att finnas något liv för våra barn om vi inte gräver skyddsrum, och utan taggtrådsstängsel och maskingevär kommer vi inte att kunna bygga ett hem, plantera ett träd, asfaltera en väg eller borra efter vatten.[26]

Det språkliga lånet av bosättarkoloniala begrepp från Josuas bok i dagens israeliska samhälle "skapar förutsättningar för den levda verkligheten i den utsträckning som föreställningen om de judiska medborgarna i Israel som reinkarnationen av Josuas armé upphöjer den manlige soldaten, samtidigt som palestinierna tilldelas rollen som kanaaniter."[27] I dagens judiska messianism är bosättarkolonialismen inte längre ett imperialistiskt företag utan en gudomlig plan som sanktionerar ett heligt krig och helgar militära operationer.

Föreställningen om den krigande Guden blev sekulariserad i dagens Israel i den meningen att staten inte förväntar sig att Gud ska ingripa och rädda Israel, utan att Israel självt måste bli en krigande stat. Med en stark militärindustri och en stor utvecklare av övervakningsteknik behöver Israel Gaza som en träningsterräng där man kan marknadsföra sina militära produkter och förklara att de har testats på verklig mark, dvs. på Gazas mark.[28] Det är därför Israel har startat fem krig i Gaza sedan 2008. I sitt senaste anfall mot Gaza använde Israel sina nyutvecklade autonoma vapen med artificiell intelligens, kallat Gospel och Lavendel. Lavendel identifierar och skapar en databas med individer med hjälp av ansiktsigenkänning för att döda mänskliga mål utan mänsklig inblandning. Gospel använder AI för att snabbt och automatiskt utföra bombningar av byggnader och strukturer. I ett sammanhang som detta har krig inte blivit ett undantag utan ett permanent tillstånd, "vår tids sakrament". Med Mbembes ord är det vi upplever i Gaza nekropolitik där "vapen används för att maximalt förstöra människor och skapa *dödsvärldar*, nya och unika former av social existens där stora befolkningsgrupper utsätts för livsvillkor som ger dem status som *levande döda*."[29]

Gud som krigare är inte en exklusivt judisk företeelse. Hamas-krigarna i Gaza, som utropade *Allahu Akbar* (Gud är stor) när de avfyrade primitiva missiler mot israeliska trupper, använde idén om en krigande Gud i sin nationella befrielsekamp. Det är förståeligt att religionen kan vara en viktig resurs i kampen för självständighet och befrielse, men det är mycket farligt när Gud görs till ett vapen i samband med militär krigföring. Under en längre tid har judiska tänkare upprepade gånger utmanat kristna forskare om deras ideologi och teologi som ledde till Förintelsen. Nu är det dags för kristna forskare att utmana judiska tänkare om vapeniseringen av Josua och den nekropolitik som har lett till den etniska rensningen och folkmordet på det palestinska folket. En teologi efter Gaza har en viktig roll i att avkolonisera Gud som krigaren, att avslöja vår tids nekropolitik och att göra motstånd mot militariseringen av vår planet.

### *Det globala Israel ... Det globala Palestina*

Masken har fallit. Folkmordet i Gaza har avslöjat den sanna naturen hos det globala imperiet med dess vita överhöghet, dödsmaskiner och koloniala värderingar. Det är ingen överraskning att de länder som hjälper Israel i detta folkmord utan undantag är länder med en bosättarkolonial historia och tro. I Gaza är det inte bara Israel som är verksamt, utan snarare det globala Israel. Samtidigt har ropen till himlen från oskyldiga palestinska kvinnor och barn hörts av människor av alla färger, religioner och nationer, och har resulterat i en transnationell solidaritetsrörelse eller ett globalt Palestina. Länder som Sydafrika, som har uthärdat bosättarkolonialism och apartheid, kom för att hjälpa Palestina. Studenter och akademiner vid amerikanska och europeiska universitet satte upp tältläger till stöd för Gaza. Olika judiska grupper, kvinnogrupper och kristna prästgrupper har hållit sittningar i kongressen för att protestera mot sin regerings ställningstagande i Gaza. Från Ostasien till Västafrika, från Kanada till Indien har det globala Palestina vuxit fram i takt med att människor förstår att Palestina är vår tids moraliska kompass.

Teologin efter Gaza måste avslöja det globala Israel, engagera sig i det globala Palestinas transnationella solidaritet och lyfta fram denna kamp som vår tids etiska och teologiska utmaning. Det är just i tider som dessa som teologer måste visa prov på civilkurage och våga utmana den teologiska belägringen, eftersom det handlar om konsekvenserna för Palestina, det globala syd och mänskligheten i stort. Om Israels moderna bosättarkoloniala folkmord tolereras, kommer det att bli ett exempel som imperier kan upprepa utan något ansvar.

Mahmoud Darwish uppmanar oss idag:

*Besegra din belägring nu. Du kan inte fly!*
*Har din arm fallit av?*
*Plocka upp den och slå ner din fiende! Du kan inte fly!*
*Besegra din belägring med galenskap*
*Med galenskap*
*Och med galenskap*
*De har försvunnit, dina älskade. Borta.*
*Du kommer antingen att behöva vara kvar*
*Eller så kommer du inte att vara det.*
*Den har fallit, masken som täcker masken*
*Som täcker masken*
*Den har fallit, och ingen är där.*[30]

# FOTNOTER TILL
## "Teologi efter Gaza"

1. Mahmoud Darwish, *Madih al-zill al-'ali* (*An eulogy for the tall shadow*). Beirut: Dar al-Awda, 1983.

2. Raheb, *Decolonizing Palestine*, 2–5.

3. "Convention on the Prevention and Punishment of the Crime of Genocide." https://www.ohchr.org/en/instruments-mechanisms/instruments/convention-prevention-and-punishment-crime-genocide

4. "Summary of the Order of 26 January 2024 | International Court of Justice." https://www.icj-cij.org/node/203454

5. Shakir, "Israeli Apartheid: A Threshold Crossed."

6. Vanessa Pearce, "Israel's Apartheid against Palestinians."

7. B'Tselem, "Apartheid." https://www.btselem.org/topic/apartheid

8. For the latest war statistics in Gaza, see: AJLabs, "Israel-Gaza War in Maps and Charts."

9. "UN Experts Deeply Concerned over 'Scholasticide' in Gaza." https://www.ohchr.org/en/press-releases/2024/04/un-experts-deeply-concerned-over-scholasticide-gaza

10. Saber, "A 'Cultural Genocide.'"

11. Mbembe, *Necropolitics*.a leader in the new wave of francophone critical theory, theorizes the genealogy of the contemporary world, a world plagued by ever-increasing inequality, militarization, enmity, and terror as well as by a resurgence of racist, fascist, and nationalist forces determined to exclude and kill. He outlines how democracy has begun to embrace its dark side---what he calls its "nocturnal body"---which is based on the desires, fears, affects, relations, and violence that drove colonialism. This shift has hollowed out democracy, thereby eroding the very values, rights, and freedoms liberal democracy routinely celebrates. As a result, war has become the sacrament of our times in a conception of sovereignty that operates by annihilating all those considered enemies of the state. Despite his dire diagnosis, Mbembe draws on post-Foucauldian debates on biopolitics, war, and race as well as Fanon's notion of care as a shared vulnerability to explore how new conceptions of the human that transcend humanism might come to pass. These new conceptions would allow us to encounter the Other not as a thing to exclude but as a person with whom to build a more just world.","event-place":"Durham","ISBN":"978-1-4780-0651-0","language":"English","number-of-pages":"224","publisher":"Duke

University Press Books","publisher-place":"Durham","source":"Amazo", "title":"Necropolitics","author":[{"family":"Mbembe","given":"Achille" }],"issued":{"date-parts":[["2019",10,25]]}}}],"schema":"https://github. com/citation-style-language/schema/raw/master/csl-citation.json"}

12. Habermas, "Principles of Solidarity. A Statement." https://k-larevue.com/en/ principles-solidarity-statement-habermas/

13. Seminariet, "A Response to 'Principles of Solidarity. A Statement'." https:// publicseminar.org/2023/11/a-response-to-principles-of-solidarity-a- statement/

14. Ware, "Israel-Gaza-kriget har en nedkylande effekt på den akademiska friheten - podcast."

15. "Om SBL." https://www.sbl-site.org/aboutus/mission.aspx

16. https://www.sbl-site.org/assets/pdfs/council/SBLSTATEMENT10.16-20.pdf

17. https://sites.google.com/view/response-to-sbl-council/home?authuser=1

18. Ibid.

19. Held, "Avkoloniserande forskningsparadigm i samband med nybyggar- kolonialism".

20. George E Tinker, *Missionary Conquest,* 120.

21. Raheb and Henderson, *The Cross in Contexts*, 43–52.

22. Raheb, *Faith in the Face of Empire*, 67–69.

23. *Kristus i spillrorna.* https://www.youtube.com/watch?v=Md_hw_A-oIs

24. Havrelock, *The Joshua Generation*, 177.

25. Havrelock, 109.

26. Dayan, *Living with the Bible*, 105.

27. Havrelock, 98.

28. Loewenstein, *Det palestinska laboratoriet.*

29. Mbembe, Achille, "Necropolitics". Public Culture 15 (1), 11–40, 2003.

30. Darwish, *Madih Al-Zill al-'ali.*

# Bibliografi
# till "Teologi efter Gaza"


Badarin, Emile. "Settler-Colonialist Management of Entrances to the Native Urban Space in Palestine." *Settler Colonial Studies* 5, no. 3 (July 3, 2015): 226–235. https://doi.org/10.1080/2201473X.2014.955946.

Bateman, F, and L Pilkington, eds. *Studies in Settler Colonialism: Politics, Identity and Culture*. 1st ed. 2011 edition. Place of publication not identified: Palgrave Macmillan, 2011.

Cavanagh, Edward, ed. *The Routledge Handbook of the History of Settler Colonialism*. 1st edition. London New York: Routledge, 2020.

Darwish, Mahmoud. *Madih Al-Zill al-'ali*. Beirut, Lebanon: Dar al-Awada, 1983.

Elkins, Caroline, and Susan Pedersen, eds. *Settler Colonialism in the Twentieth Century: Projects, Practices, Legacies*. 1 edition. New York: Routledge, 2005.

Habermas, Nicole Deitelhoff, Klaus Günther, Rainer Forst, & Jürgen. "Principles of Solidarity. A Statement." Jews, Europe, the XXIst century, October 16, 2024. https://k-larevue.com/en/principles-solidarity-statement-habermas/.

Institute for Palestine Studies. "Israel: 'A Failed Settler-Colonial Project'," October 16, 2024. https://www.palestine-studies.org/en/node/232079.

Institute for Palestine Studies. "The Other Shift: Settler Colonialism, Israel, and the Occupation." Accessed October 16, 2024. https://www.palestine-studies.org/en/node/162561.

Isaac, Munther. *"Christ in the Rubble": Palestinian Pastor Delivers Powerful Christmas Sermon from Bethlehem*, 2023. https://www.youtube.com/watch?v=Md_hw_A-oIs.

Khalidi, Rashid. *The Hundred Years' War on Palestine: A History of Settler Colonialism and Resistance, 1917–2017*. New York: Metropolitan Books, 2020.

Loewenstein, Antony. *The Palestine Laboratory: How Israel Exports the Technology of Occupation Around the World*. London; New York: Verso, 2023.

Lubin, Alex, and Alyosha Goldstein. *Settler Colonialism*. Durham, N C: Duke University Press Books, 2008.

Mar, Tracey Banivanua, and P Edmonds, eds. *Making Settler Colonial Space: Perspectives on Race, Place and Identity*. 2010 edition. Houndmills, Basingstoke, Hampshire; New York: Palgrave Macmillan, 2010.

Mbembe, Achille. *Necropolitics*. Durham: Duke University Press Books, 2019.

Nahla Abdo, and Nira Yuval-Davis. "Palestine, Israel and the Zionist Settler Project." In *Unsettling Settler Societies: Articulations of Gender, Race, Ethnicity and Class*, edited by Daiva K Stasiulis and Nira Yuval-Davis, 1st edition, 291–321. London; Thousand Oaks, Calif: SAGE Publications Ltd, 1995.

OHCHR. "Convention on the Prevention and Punishment of the Crime of Genocide." Accessed October 19, 2024. https://www.ohchr.org/en/instruments-mechanisms/instruments/convention-prevention-and-punishment-crime-genocide.

OHCHR. "UN Experts Deeply Concerned over 'Scholasticide' in Gaza." Accessed October 19, 2024. https://www.ohchr.org/en/press-releases/2024/04/un-experts-deeply-concerned-over-scholasticide-gaza.

Pitkänen, Pekka. "Settler Colonialism in Ancient Israel." Accessed October 19, 2024. https://www.academia.edu/31712835/Settler_Colonialism_in_Ancient_Israel.

Raheb, Mitri. *Decolonizing Palestine: The Land, The People, The Bible*. Maryknoll, NY: Orbis Books, 2023.

———. *Faith in the Face of Empire: The Bible through Palestinian Eyes*. Maryknoll, New York: Orbis Books, 2014.

Raheb, Mitri & Suzanne Watts Henderson. *The Cross in Contexts: Suffering and Redemption in Palestine*. Maryknoll, New York: Orbis Books, 2017.

Rouhana, Nadim N & Areej Sabbagh-Khoury. "Settler-Colonial Citizenship: Conceptualizing the Relationship between Israel and Its Palestinian Citizens." *Settler Colonial Studies* 5, no. 3 (July 3, 2015): 205–225.

Salaita, Steven. *Holy Land in Transit: Colonialism and the Quest for Canaan*. Syracuse, N.Y: Syracuse University Press, 2006.

Seminar, Public. "A Response to 'Principles of Solidarity. A Statement.'" Public Seminar, November 22, 2023. https://publicseminar.org/2023/11/a-response-to-principles-of-solidarity-a-statement/.

Shakir, Omar. "Israeli Apartheid: 'A Threshold Crossed.'" Human Rights Watch, April 27, 2021. https://www.hrw.org/report/2021/04/27/threshold-crossed/israeli-authorities-and-crimes-apartheid-and-persecution.

"Summary of the Order of 26 January 2024 | International Court of Justice." Accessed October 19, 2024. https://www.icj-cij.org/node/203454.

Tinker, George E *Missionary Conquest: The Gospel and Native American Cultural Genocide*. First Edition, First Printing edition. Minneapolis: Fortress Press, 1993.

Veracini, L. *Settler Colonialism: A Theoretical Overview*. 2010 edition. Houndmills, Basingstoke; New York: Palgrave Macmillan, 2010.

Ware, Gemma. "Israel-Gaza War Is Having a Chilling Effect on Academic Freedom – Podcast." The Conversation, December 18, 2023. http://theconversation.com/israel-gaza-war-is-having-a-chilling-effect-on-academic-freedom-podcast-219926.

Wolfe, Patrick. *Settler Colonialism and the Transformation of Anthropology: The Politics and Poetics of an Ethnograph Event*. London ; New York: Continuum, 1999.

Zureik, Elia. *Israel's Colonial Project in Palestine: Brutal Pursuit*. 1 edition. London; New York, NY: Routledge, 2015.

*Study Guide till Mitri Rahebs bok*

# Avkolonialisera Palestina
# – Landet, folket, Bibeln

## Resurser till studium och samtal

## Välkommen till din studiecirkel

Ibland händer det! Samtalet djupnar. En fängslande erfarenhet. Du märker hur kunskaper och personlig utveckling vävs samman. Frågorna blir inte färre, men du förstår dig själv lite bättre i en global värld.

I den här studiecirkeln läser vi tillsammans Mitri Rahebs bok *Avkolonalisera Palestina – landet, folket, bibeln.* Och vi samtalar om de frågor och tankar som läsningen väcker. Här vill vi göra det till livsnära samtal som angår oss själv och hjälper oss att förstå de våldsamma konflikter som nu pågår i Mellanöstern. I det livsnära möter vi oss själva, varandra och Gud.

Vårt studium och samtal kan också inspirera oss att tillsamman göra något åt de problem och utmaningar vi ställs inför genom Mitri Rahebs bok. Studieplanen är inspirerad av befrielsepedagogen Paulo Freire. Han menar att målet med lärandet är att *medvetandegöra* deltagarna till att identifiera och förändra maktkonflikter. Genom att förstå sin egen situation, och reflektera över den, skapas enligt Freire en vilja till förändring.

Några centrala perspektiv från befrielsepedagogiken som vi vill ta fasta på i studiecirkeln, är att verklig förändring inte kan genomföras *för* någon utan *med* dem, och att förändring är att skapa och bygga något tillsammans. Dessutom måste vi själva producera våra idéer och sedan omsätta dem i handling (Läs mer i Freire, Paulo. *De förtrycktas pedagogik*. Stockholm: Trinambai, 2021).


*Välkommen med!*

Studiecirkeln kan göras tillsammans med ett studieförbund. Kontakta Bilda på www.bilda.nu eller www.sensus.nu.

# Introduktion

## En röst från kyrkorna i Palestina

Mitri Raheb är präst i den lutherska kyrkan i Palestina och verksam i nätverket *Kairos Palestine* och *Global Kairos for Justice*. De nätverken vill vara en levande röst bland och från de kristna palestinierna. Mitri Raheb är även rektor för Dar al-Kalima universitetet i Betlehem vars utbildningsprofil är olika konstarter, kulturarv och kritiskt tänkande.

## Studievägledning

Boken *Avkolonialisera Palestina* har vuxit fram genom studium och samtal, och den kommer bäst till sin rätt genom studium och samtal. Ämnet och frågorna som boken väcker passar för såväl en studiecirkel, en ledargemenskap som en vänkrets. Här presenteras en enkel handledning för det gemensamma studiet.

För att inspirera till en studiegrupp kan man bjuda in till ett offentligt program kring den nu aktuella situationen i Israel och Palestina eller kring någon av de frågor som Mitri Raheb tar upp i sin bok. Programkvällen kan göra på olika sätt för att väcka intresse: som seminarium, som föredrag, med bildvisning, som utställning, etcetera.

Ta kontakt med studieförbund som finns där ni bor så får ni hjälp att planera och genomföra både offentliga samlingar och studiecirkel. Så här beskriver Folkbildningsrådet en studiecirkel:

> En studiecirkel är en liten grupp som gemensamt söker kunskap, utifrån deltagarnas intressen och behov. Alla cirklar har en plan och en ledare, men deltagarna har inflytande över cirkelns innehåll och upplägg. Samtalen i gruppen och att deltagarna delar med sig av sina erfarenheter är viktiga kännetecken för en studiecirkel.

**Samtalsledare och samtalsregler**

Någon i gruppen håller i ramarna för samtalet och tiden, så att alla får utrymme och allas erfarenheter och frågor tas till vara. Innan samlingen börjar enas man om spelregler för samtalet. Här är några regler som brukar skapa ett öppet och lärande samtal:

- Det personliga som vi delar stannar i gruppen.
- Det är okey att prova tankar och ändra sig.
- Man har rätt att vara tyst.
- Alla talar i jag-form.
- Alla hjälps åt att hålla tidsramarna.
- Alla bidrar med sitt perspektiv och värdesätter att få ta del av andras.

**En struktur för studiecirkeln**

En studiecirkel kring denna bok kan läggas upp med hjälp av den samtalsmodell som beskrivas nedan. Ungefär två timmar är en lämplig tid för samlingen:

- en inledande runda utifrån studie på egen hand, ca 20–25 minuter
- gemensamt samtal, ca 60 minuter
- avslutande runda, ca 10–15 minuter.

Tidsangivelserna är ett förslag och kan anpassas efter gruppen. Börja gärna med ett enkelt drop-in-fika och småprata en stund innan cirkeln börjar. Det ger alla möjlighet att landa i gruppen och samlingen.

Inled med en runda, där var och en får tillfälle att berätta vad som rör sig i tanke eller känsla just nu. Det kan vara en fundering utifrån de ni läst eller på annat sätt tagit del av inför samlingen. Det kan också vara tankar kring en händelse som anknyter till temat.

Var och en får 3–4 minuter till sitt förfogande. Det är alltid möjligt att passa, att låta ordet gå vidare om man inte vill säga något.

Första samlingen kan denna inledning vara mer personlig, så att man lär känna varandra i gruppen. Man kan till exempel berätta något från sitt eget liv och varför man valt att delta i studiecirkeln.

Använd gärna ett föremål att hålla i för den som berättar, en sten eller något annat som är avstressande att hålla i. Föremålet markerar vem som har ordet, och när en person berättat klart går föremålet vidare till nästa.

I rundan får var och en tala utan att bli avbruten. Syftet är att man ska få sätta ord på och pröva sina tankar, utan att behöva förklara och försvara. Samtidigt tränar man sig att lyssna och ta in olika perspektiv.

Inget samtal förs kring vad som kommer upp under inledningen, om inte personen som sagt det, själv för in det i det efterföljande samtalet.

## En samtalsmodell

Efter den inledande rundan är det öppet för ett gemensamt samtal utifrån olika perspektiv och erfarenheter, samt det avsnitt ni läst. Börja gärna samtalet med en fråga, till exempel:

- Är det något speciellt ni fastnade för i det du läste?
- Mötte du några nya infallsvinklar? Hur tänker du kring det?
- Gjorde du någon ny upptäckt eller insikt? Hur kan du använda dig av det?

Här följer ett avsnitt som kallas för *Frågor, tankar och inspiration till fem samlingar*. Där finns frågor att reflektera över tillsammans. Ett alternativ kan vara att någon i gruppen inleder samtalet med en reflektion som anknyter till det lästa.

Avsluta samlingen med en runda, där var och en har tillfälle att säga något kort om studiet och samtalet, till exempel:

- Det här bär jag med mig från i dag ...
- Något jag skulle vilja veta mer om ...
- Jag skulle vilja samtala vidare om ...

Någon gång under studiecirkelns gång kan det vara lämpligt att re-
flektera över hur ni fungera tillsammans, och anknyt till de spelregler
som gruppen bestämt. Vad fungerar bra? Vad skulle vi kunna göra
annorlunda?

**Checklista för studiecirklar som redovisas till ett studieförbund**

Studiecirkeln ska ...
Ha minst tre träffar
Ha minst nio studietimmar á 45 minuter
Ha minst tre deltagare inklusive ledaren
Ha max 20 deltagare inklusive ledaren

Deltagarna ska ...
Vara minst 13 år, eller fylla 13 år under året
Delta minst tre gånger
Delta på en av de tre första träffarna
Delta i minst nio studietimmar
Träffas ni på distans? Se till att ha tillgång till en stabil internetupp-
koppling

# Frågor, tankar och inspiration
## till sex samlingar

1. *Bosättarrörelsen* – historik, ideologi och strategi
2. *Kristen sionism* – historik, ideologi och strategi
3. *Kolonialism och avkolonialisering* – historik, ideologi och strategi
4. *Utvaldhet* – landet, folket, bibeln
5. *Berättelser om hopp och handlingar som ger hopp*
6. *Teologi efter Gaza*

# 1. Första samlingen

## Bosättarrörelsen – historik, ideologi och strategi *(kap 1)*

### Introduktion av studiecirkeln och dess fem samlingar

Till varje samling finns förslag till frågor och hjälp att sammanfatta läsningen. För varje samling finns också något som kallas "Inspiration". Det är förslag till andra inspel i samtalet genom litteratur, film, bilder, artiklar eller musik som belyser samtalsämnet.

### Läs bokens introduktionskapitel

Några har förberett en <u>kort</u> presentation till första samlingen som svar på följande frågor:

- Vem är författaren? Vad är detta för slags bok?
- Vilka är de palestinska kristna? Vilka kyrkor och trossamfund tillhör de? Var finns de?

Personliga kontakter med palestinier? Läst någon bok om eller av någon?

### Läs bokens första kapitel om bosättarkolonialism

- Varför föredrar författaren begreppet "kolonialism" och framför allt "bosättarkolonisering" som en sammanhållen förklaringsmodell av situation i Palestina? Vad ser Raheb som problem med den vanliga förståelsen, att det är en "konflikt mellan Israel och terroriströrelsen Hamas" eller "en ockupation"? Vilka invändningar finns det mot det koloniala perspektivet?

- Vilken roll har kristen teologi spelat i historien när det gäller bosättarkolonialism som en realpolitisk agenda? Läs Balfour-deklarationen från 1917 (finns på Wikipedia). Vilka tankar sås i det meddelandet från den dåvarande brittiske utrikesministern?

- Hur beskrivs staten Israels tillkomst 1948 i relation till Andra världskriget? Ge exempel på bibliska begrepp som används i beskrivningen av den nya nationens expansion?

- Försök sammanfatta de kompromisser som förhandlades fram efter de palestinska upproren (*intifada*) som började i slutet av 1987. Mest känt är Osloavtalet 1993.

- Vilka politiska händelser – med Donald Trump i centrum – har enligt författaren cementerat bosättarrörelsens koloniala projekt de senaste åren?

- Vad har du för relation till teologi? Ser du dig själv som teolog?

- När det gäller konflikten mellan Israel och Palestina, finns det information som för dig känns hotfullt – och varför är det obekvämt?

## Inspiration

- Lyssna till palestinsk musik
- Någon läser högt Marias lovsång ur Lukasevangeliet 1:46–55
- Välj ut ett avsnitt ur Kairos Palestinas budskap *Ett sanningens ögonblick* från december 2009 och läs det högt. Svensk översättning finns på Kairos Palestinas hemsida: https://www.kairospalestine.ps/sites/default/files/Swedish.pdf

## Vidare läsning

Förslag ur listan nedan!

# 2. Andra samlingen

**Kristen sionism – historik, ideologi och strategi** (kap 2)
I denna andra samling ska vi samtala om kristen lobbyism som stöder
bosättarrörelsens kolonialisering av Palestina.

**Läs bokens andra kapitel om kristen sionism**

- Kapitlet inleds med Mitri Rahebs berättelse om ett möte med
  tyska teologer som företrädde ett slags kristen sionism. Har du
  någon liknande erfarenhet? Berätta.

- Kristen sionism har olika karaktär och uttryck. Hur definierar
  Raheb detta fenomen? Vad betonar han? Vilken kombination
  av perspektiv gör, enligt Raheb, "kristen sionism" särskilt pro-
  blematisk?

- Försök sammanfatta de tre formerna av kristen sionism, dess
  sammanhang och historia.

- a) Kristen sionism i det brittiska samväldet
- b) Liberal kristen sionism och Förintelsen
- c) Kristen sionism och amerikansk högerkristendom

- Vilka judiska författare som skrivit om Förintelsen har du läst?
  Hur tolkar de Förintelsen religiöst och politiskt?

- Sexdagarskriget 1967, när Israel genomförde en överrask-
  ningsattack på arabstaterna, tolkas olika bland kristna. Vilken
  betydelse fick kriget, enligt Raheb, för liberala kristna?

- Internationella kristna ambassaden (ICEJ) är en kristen prois-
  raelisk organisation med säte i Jerusalem som bildades 1980.
  På vilket sätt stöder de bosättarrörelsens kolonialism?

- Diskutera författarens slutsats att kristen sionism blandar felaktigt samman "israeliter" i Bibeln med nutidens israeler, vilket skapar ett starkt känslomässigt stöd för staten Israel, och det palestinska folket blir ett problem eller osynliggörs.

- Vilka argument har kristna sionister mot den kritik som nu riktas mot Israel utifrån internationell rätt (folkrätten med bland annat krigets lagar och mänskliga rättigheter) och från Internationella domstolen i Haag (ICJ)?

- Sionism har en totalt annorlunda innebörd för judar än för palestinier. Samtala om de två konkurrerande perspektiven. Är de möjliga att förena?

## Inspiration

Franciskanerna har en lång historia i det heliga landet, och i dag vakar de över att många heliga platser är tillgängliga för allmänheten. Rörelsens grundare, Franciskus av Assissi (ca 1181–1226), hade en stor kärlek till skapelsen, till djuren och hela Guds natur. Han levde bland de mest utsatta i den tidens samhälle. Solidaritet, enkelhet, rättvisa och glädje lärde han från berättelserna om Jesus Kristus i evangelierna.

Reflektera över de livsmål som någon formulerat i en bön i Franciskus anda. Den publicerades år 1912 i en liten fransk andlig tidskrift som hette *La Chochette* (Den lilla klockan).

## Franciskusbönen

Herre,
gör mig till ett redskap för din fred.
Hjälp mig att bringa kärlek, där hatet gror,
tro där tvivlet råder,
hopp där förtvivlan härskar.

Hjälp mig att skänka förlåtelse
där oförrätt begåtts,
att skapa endräkt där oenighet söndrar,
att sprida ljus, där mörkret ruvar,
att bringa glädje, där sorgen bor.

Mästare, hjälp mig att söka
inte så mycket att bli tröstad som att trösta,
inte så mycket att bli förstådd som att förstå,
inte så mycket att bli älskad som att älska.
Ty det är genom att ge som vi får ta emot,
genom att förlåta som vi får förlåtelse,
genom att mista vårt liv som vi vinner det.
Det är genom döden som vi uppstår
till det eviga livet.

**Vidare läsning**

En invändning mot argument som Mitri Raheb använder har varit att de skulle vara uttryck för "ersättningsteologi". Vad betyder det?

Läs tidskriften *NOD* 2023:4 som har rubriken "Jesus var inte kristen". Här finns artiklar som beskriver kristendomens judiska vagga, Jesus som jude och en mycket intressant reflektion över begreppet "ersättningsteologi". Men det finns också två artiklar med koppling till Göran Rosenbergs bok om rabbinen Marcus Ehrenpreis som stod för en annan sorts judisk sionism än den som många i dag förknippar med begreppet, en kultursionism snarare än en politisk sionism.

# 3. Tredje samlingen

**Landet, bibeln och bosättarrörelsens kolonialism**
I denna samling ska vi se närmare på bokens huvudtema – koloni-
sering och avkolonisering – utifrån språkbruk. Hur vi kallar saker
och ting påverkar hur vi förstår dem! Enligt författaren är språket en
maktfaktor.

**Läs bokens tredje kapitel om landet, bibeln och bosättarrörel-
sens kolonialism**
Formulera gärna några egna frågor till samlingen. Frågor som du vill
att ni samtalar kring.

- Språkbruk är inte neutralt. Författaren tar ordet "tempelberget"
  som exempel. Många turister som besöker Jerusalem vill gå
  upp på "tempelberget" som officiellt heter *al-Haram al-Sha-
  rif*, på svenska ibland Moskéområdet. där muslimska al-Aqsa-
  moskén och Klippdomen nu står och på vars ruiner judiska
  extremister och kristna fundamentalister hoppas att det tredje
  templet ska byggas. "Tempelberget" refererar till det judiska
  templet som stod där för 2000 år sedan. Hur brukar du tala om
  den platsen? Varför kan bruket av ordet "tempelberget" uppfat-
  tas som en del av en islamofobisk retorik?

- Likt korsfararna försöker i dag judiska bosättare att "befria"
  platsen. Ge exempel på sådana aktioner! Läs mer på nätet om
  Gershom Salomons organisation "Tempelbergets trogna" som
  en apokalyptisk representation.

- Landets äldsta namn är Kanaan, och evangelierna refererar till
  en "kanaaneisk" kvinna (Matt 15:22). I dag är *Palestina* ett
  välkänt namn. Vilken historia och betydelse ger författaren det
  namnet?

– Hur förklarar författaren att många i dag betraktar judarna som
  de rätta arvtagarna till landet och palestinier som främlingar?

– Mitri Raheb kritiserar den amerikanske teologen Walter Bru-
  eggemann för att knyta löftet om landet till begreppet "Guds
  utvalda folk". Vilka invändningar har Raheb till detta sam-
  band och särskilt påståendet att dagens Israel är bibelns Israel,
  och att främlingen ("den Andre") är palestinierna? Att ocku-
  pationen av palestinska områden ses som frälsningshistoria
  och inte som en fortsättning på modern europeisk kolonial-
  historia?

– Norman Harbel, gammaltestamentlig bibelforskare från Au-
  stralien, lyfts fram som en kontrast till Brueggemanns landteo-
  logi. Harbel gör referenser till aboriginernas historia och ser
  därför två slags land-teologier i Gamla testamentet. Abraham
  som såg sig som gäst i Kanaans land, och Josua som såg sig
  som rättmätig ägare av landet och drev bort kananéerna. Mitri
  Rahebs slutsats är att det avgörande är vilken tolkningsnyckel
  som används när vi läser Bibeln.

– Tillkomsten av staten Israel 1948 framställs på olika sätt. Uti-
  från ett kolonialt perspektiv blir det en berättelse om erövring
  av land som inte något annat folk kallar sitt. Men det finns
  också berättelser som ser Israel som ett räddningsprojekt för
  det judiska folket undan judehat, förföljelse och förintelse. Så
  var det till exempel under pogromerna i gamla Ryssland och
  under den nazistiska regimens folkmord i Västeuropa. Hur kan
  vi låta olika berättelser om staten Israel vara sanna? När kom-
  pletterar de varandra? När krockar de?

– Sammanfatta författarens förslag till en land- och folkteologi
  som inte är kolonialistisk.

–  Diskutera det faktum att vad palestinier kallar *motstånd*, kallar israeler för *terrorism*.


## Inspiration

–  Be någon i studiecirkeln göra en sammanfattning med egna ord av den "avkolonialiserade" tolkning som författaren gör av Första Kungaboken, kapitel 21, och Matteus evangelium 5:5 ("Saliga är de ödmjuka, de ska ärva jorden.")

–  Kanske finns det någon i gruppen som har bilder från en resa till det heliga landet och kan visa dem i denna eller nästa samling. Eller bjud in någon utifrån som har bilder.

–  Läs det ekumeniska uppropet från 2008 och samtala om dess kritik av kolonial landteologi.


Det är dags för Palestina
Det är dags för Palestina och Israel att dela freden.
Det är dags att respektera människors liv och det som kallas det heliga landet.
Det är dags för ett slut på många år av konflikt, förtryck och rädsla.
Det är dags att bli befriade från ockupationen.

Det är dags för allas lika rättigheter.
Det är dags att stoppa diskriminering, segregation och skapa rörelsefrihet för alla.
Det är dags för israeler att leva i trygghet med säkra gränser med sina grannar.
Det är dags för det internationella samfundet att förverkliga FN-resolutionerna.

Det är dags för hela det palestinska folket att delta i freds-
skapande.
Det är dags för bosättare att lämna de ockuperade områdena
och flytta till Israel.
Det är dags för ett verkligt självständigt Palestina.
Det är dags att kraftfullt reagera mot alla former av våld mot
civila och erkänna allas rätt till säkerhet och trygghet.
Det är dags för alla att leva med lika mänskliga rättigheter un-
der samma internationella humanitära rätt.

Det är dags att Jerusalem blir huvudstad för två nationer och en
helig stad för tre religioner.
Det är dags för muslimer, judar och kristna att fritt få besöka
sina heliga platser.
Det är dags för olivträd i Palestina och Israel att bära frukt och
bli gamla.
Det är dags att lära av gamla misstag.
Det är dags för förlåtelse mellan människor och att bygga upp
det som förstörts.
Det är dags att gå vidare med värdighet och lika rättigheter.

Alla som kan tala sanning och klarspråk till makten måste tala.
Alla som kan bryta den tystnad som döljer rättvisa måste bryta
den.
Alla som har något att ge till freden måste ge det.
För Palestina, för Israel och för en orolig och skadad värld.

Det är dags för fred.

## Vidare läsning
Läs några recensioner av studieboken.
Dela era boktips för fortsatt studium av bibeltolkning, kolonialhisto-
ria och andra frågor som ni mötts kring.

# 4. Fjärde samlingen

## Utvaldhet – Landet, folket, Bibeln

I denna samling ska vi se närmare på frågan om *utvaldhet*, som är ett centralt teologiskt begrepp.

**Läs bokens fjärde kapitel om det utvalda folket.**

- Varför är föreställningen om "utvaldhet" enligt författaren problematisk?

- Sammanfatta de fyra olika innebörderna i ordet Israel. Jämför med innebörden av Palestina.

- Vad är ersättningsteologi? Också kallad supersessionism!

- I vilken mening är "utvaldhet" en utmaning för kristna palestinier? Låt tankar om detta höras från den anglikanske prästen *Naim Ateek*, den katolske patriarken *Michel Sabbah* och den grekisk ortodoxe teologen *Paul Nadim Tarazi*.

- Tanken på utvaldhet har också flera samtida kontexter. Författaren lyfter fram nationalism, bosättarrörelser och amerikansk exceptionalism (att USA är unikt jämfört med andra nationer). Finns det tankar om utvaldhet också i Sverige?

- På vilket sätt försöker författaren ge perspektiv på utvaldhet som avkolonialiserar begreppet? Varför är det viktigt att söka nya innebörder i tron på vara utvald av Gud?

- Hur påverkar språket och föreställningarna om "utvaldhet" dig personligen?

## Inspiration

Läs en av Göran Rosenbergs artiklar i *Expressen*. Hösten 2024 kom hans bok *Det förlorade landet* i ny och reviderad utgåva. Det är en både personlig och idéhistorisk bok om Israels tillkomst och transformering till landet vi ser i dag. I nyutgåvan har ett nytt kapitel tillkommit, om utvecklingen i regionen sedan den 7 oktober 2023.

Här är Rosenbergs artikel "Israel måste välja fred eller självmord". https://www.expressen.se/kultur/israel-maste-valja-fred-eller-sjalv-mord/

– Läs den högt i sammankomsten och samtala om tankar som gav inspiration och nya perspektiv.

## Vidare läsning

I tidskriften NOD återges ett samtal mellan Pekka Mellergård och Sune Fahlgren kring boken *Church and Israel after Christendom – The Politics of Election* (1999) skriven av den amerikanske etik-professorn Scott Bader-Sayer. Samtalet finns refererat här: https://tidskriftennod.se/artikel/2023-4-jesus-var-inte-kristen/ersattningste-ologi-utkorelse-och-kyrkans-uppdrag/

# 5. Femte samlingen

## Berättelser om hopp och handlingar som ger hopp

Syftet med den femte samlingen är att uppmärksamma de tankar om hoppet och framtiden som denna bok lyfter fram direkt eller indirekt, men också hur bokens budskap tas emot av oss och i andra sammanhang.

## Läs om någon del av boken som du särskilt gillade

- Sammanfatta författarens tankar om bosättarkolonialiseringen förutsättningar och dess framtid.

- Hur kan en lösning på konflikten tänkas se ut?

Läs och referera en bok i litteraturlistan längst bak (*Vidare läsning*) som berättar om hopp och handlingar som ger hopp. En sådan inspirerande bok är Raja Khouri & Jeffrey Wilkinson, *The Wall Between: What Jews and Palestinians Don't Want to Know about Each Other*.

## Hur väcks hopp?

Ordet *sumud* på arabiska betyder "uthållighet". Denna dygd genomsyrar också Mitri Rahebs bok. På vilket sätt hör "uthållighet" samman med hopp?

Många svenskar knyter hopp till *ickevåldsrörelser* i Israel och Palestina. Dessa rörelser har förebilder i den amerikanska medborgarrättsrörelsen och Martin Luther King som förgrundsgestalt. Palestinier lyfter även fram Mahatma Gandhis ickevåldskamp mot britterna och sydafrikanernas ickevåldsrörelser. Ge andra exempel på ickevåld som varit framgångsrikt i historien. Hur skulle denna form av motstånd kunna fungera i strävan efter att avkolonisera Palestina?

Kolla även vad palestinska och israeliska fredsrörelser och MR-organisationer gör? En lista över sådana rörelser finns i slutet av denna studievägledning.

Be någon i studiecirkeln ta med några tänkvärda citat från Martin Luther King. Se hans *Självbiografi* eller *Vägen heter ickevåld* eller googla på nätet. Reflektera i gruppen kring några av citaten.

### Inspiration I

*Mahmoud Darwish* (1941–2008) var en palestinsk poet och prosaförfattare som debuterade 1961. Han belönades med många priser och är översatt till 22 språk. Flera av hans diktverk är tidsdokument om den aktuella situationen på Västbanken sedan 2001. Följande citat ingår i ett tal som han höll i Ramallah 2002 inför en grupp Nobelpristagare dagarna före Ariel Sharons operation "Defensive shield", som då kom att bli den mest omfattande militära offensiven mot palestinska civila sedan krigen 1948:

> *Vi palestinier lider av en obotlig sjukdom som kallas "hopp".*
> *Hopp om befrielse och självständighet.*
> *Hopp om ett normalt liv där vi varken ska vara hjältar eller offer.*
> *Hopp om att få se våra barn gå till skolan utan fara.*
> *Hopp om att en gravid kvinna ska få föda ett levande barn på ett sjukhus och inte ett dött barn framför en militär kontrollpost.*
> *Hopp om att våra poeter ska se skönheten i färgen röd i rosor, snarare än i blod.*
> *Hopp om att detta land återfår sitt ursprungliga namn: "hoppets och fredens land".*

Vad är hopp i en hopplös situation? Samtala om Darwish gripande rader. När vardagen rullar på tänker man inte så mycket på vad hopp är. Men när vi hamnar i kris och inget längre fungerar då kan hopp och tillit bli en tillgång. På vilket sätt kan vi enskilt och tillsammans sprida hopp mitt i hopplösheten i Palestina?

## Inspiration II

Låt var och en i studiecirkeln få välja en bild på nätet som inspirerar till motstånd som en dygd. Titta på bilderna som ni valt och lyssna till tankar kring valet.

# 6. Sjätte samlingen

## Teologi efter Gaza

Syftet med den sista samlingen är reflektera kring bokens bilaga, där författaren hävdar att händelserna i Gaza efter den 7 oktober 2024 kräver en omarbetad teologi. Det som hänt i Gaza ger en ny moralisk kompass för hur vi människor relaterar till varandra. Gud är inte död! Gud finns under rasmassorna! Men tankarna i väst om människovärde och mänskliga rättigheter för alla är död. Tystnaden från kyrkorna och de politiska ledarna i väst gör alla vackra ord om allas lika värde till hyckleri.

## Läs bokens bilaga "Teologi efter Gaza"

- Sammanfatta författarens tankar om Gaza som "en ögonöppnare för den som vill se".

- Hur kan en ny teologi se ut efter Gaza? Återge med egna ord någon av de "teologier" som författaren lyfter fram i bilagan.

- På vilka konkreta områden utmanas "efter Gaza" din tro och ditt vardagsliv?

- Hur har ditt sätt att tänka påverkats av att du läst och diskuterat denna bok med andra?

## Reflektioner kring aktuell statistik om Gazakriget

Enligt *Al Jazeera*'s siffror från hälsoministeriet i Gaza den 15 februari 2025 har kriget krävt 48 239 personers liv och mer än 111 676 har skadats. Hamasregeringens mediemyndighet har samma dag uppdaterat dödsiffrorna till 61 709 personer, men med påpekanden att tusentals personer saknas under rasmassorna. Israelisk armé uppgav samtidigt att antalet israeliska soldater som dödats i kriget sedan 7 oktober är 563. Totalt beräknas 1 139 israeler ha dödats i Hamas ter-rorattack den 7 oktober 2023, och mer än två hundra israeler togs som fångar.

- Hur har statistik använts i detta krig?
- Vad säger dig dessa siffror?

**Inspiration**
Välj ut en bön från boken *Pilgrimsfärd för rättvis värld* (s. 105–199) som för dig ger "teologi efter Gaza".

## Din kyrkas position för fred och rättvisa i Israel och Palestina

En del av läsningen i studiecirkeln kan vara några dokument som uttrycker den syn på hållbar fred och rättvisa som finns i den kyrka man tillhör och eventuellt någon annan kyrka. Då blir det inte bara egna åsikter och tankar, utan det blir ett samtal med befintliga positioner och överväganden.

Inom *Svenska kyrkan* finns till exempel såväl ett positionsdokument, ett samtalsdokument och en introduktion till möten med Mellanösterns kristna. *Positionsdokumentet*: www.svenskakyrkan.se/filer/ 77146c8e-7bac-4185-b2fc-61d6e282df31.pdf *Guds vägar*: www. svenskakyrkan.se/filer/Guds%20v%c3%a4gar,%20judendom%20 och%20kristendom%20-%20ett%20inomkyrkligt%20samtalsdokument%20(pdf,%2013%20sidor).pdf *Mellanösterns kristna*: www. svenskakyrkan.se/mellanosterns-kristna

*Katolska kyrkan* stöder i konflikten mellan Israel och palestinierna en tvåstatslösning, med trygga gränser för Israel. Då det gäller Jerusalems status har det varit svårt att nå samsyn. Vatikanen önskar internationella garantier till skydd för staden, som är helig för både judar, kristna och muslimer. De katolska dignitärerna var därför inte med vid USA:s ambassadinvigning i Jerusalem 2018, och Vatikanens ambassad förblir i Tel Aviv.

Efter en kris sommaren 2017 som rörde "Tempelberget" al-Haram ash-Sharif (moskéområdet med al-Aqsa och Klippdomen) i Jerusalem, talade Vatikanens FN-sändebud Msgr Simon Kassas inför FN:s generalförsamling och redogjorde för den Heliga Stolens mångåriga syn på Jerusalem som unikt ur ett diplomatiskt perspektiv. Redan innan Israel utropades 1948 spelade Vatikanens diplomater en nyckelroll i visionen att Jerusalem skulle betraktas som en *corpus separatum*, det vill säga en stad som får en särskilt rättslig och politisk status som gör att den skiljer sig från sin omgivning.

*Equmeniakyrkan* har inga officiella dokument i denna fråga, men Kyrkokonferensen 2017 beslöt att be för fred i Israel och Palestina; uppmana ledare i Israel och Palestina att respektera mänskliga rättigheter; stödja organisationer som arbetar för icke-våld, fred och rättvisa i Israel och Palestina; söka kontakt med och stödja kristna församlingar i Israel och Palestina; uttrycka stöd för Palestiniernas och Israelernas lika rätt till vatten, mark och odlingar; uppmana ledare i Israel och Palestina att respektera internationell rätt.

*Gå gärna med i en förening* som arbetar för folkrätt och mänskliga rättigheter i Palestina och Israel, till exempel Kairos Palestine Sweden, Palestinagrupperna eller Amnesty. Se hemsidorna kairospalestine.se, www.palestinagrupperna.se, www.amnesty.se.

Samtala i gruppen om det faktum att boken skrevs före den senaste händelseutvecklingen som resulterat i vad Amnesty kallar ett folkmord som pågår mot palestinierna i Gaza och fördrivning och många övergrepp på Västbanken och i Jerusalem.

# Freds- och MR-organisationer
# i Israel och Palestina

En annan typ av läsning i studiecirkeln kan vara några hemsidor för de freds- och MR-organisationer som finns i Israel och Palestina.

## Al-Haq
*www.alhaq.org*
Viktig palestinsk MR-organisation som varit verksam under fyra decennier med omfattande internationella kontakter.

## Al-Mezan
www.mezan.org/en
MR-organisation med säte i Gaza, grundad 1999. Den är speciellt inriktad på att skydda och främja ekonomiska, sociala och kulturella rättigheter. Stöder offer för kränkningar av internationella MR-konventioner.

## B'Tselem –
## The Israeli Information Center for Human Rights in the Occupied Territories
*www.btselem.org*
Den viktigaste MR-organisationen i Israel med mycket stor trovärdighet. Bildades 1989. Publicerar kontinuerligt kartor, statistik, vittnesmål, videos och rapporter, som visar förtryckets mekanismer och effekter i de ockuperade områdena. B'Tselems kontor ligger i Västra Jerusalem.

## Breaking the Silence
*www.breakingthesilence.org.il*
En grupp israeliska soldater som tjänstgjort på ockuperat palestinskt territorium. År 2004 bildade de organisationen "Breaking the Silen-

ce". I en kontroversiell utställning i Tel Aviv avslöjade de vid bildandet många övergreppen på palestinier. Organisationens mål är att skildra och belysa de dilemman en soldat ställs inför i den pågående konflikten.

### Christian Peacemaker Teams, CPT

www.cpt.org

Med primärt stöd i de historiska fredskyrkorna placerar CPT ickevåldsteam i krissituationer och militariserade områden i olika delar av världen efter inbjudan av lokala aktörer. CPT har varit en viktig inspiratör för EAPPI.

### Combatants for Peace

www.cfpeace.org

Bildad 2006 av före detta israeliska soldater och palestinska frihetskämpar arbetar organisationen för att med ickevåld få slut på ockupationen och upprätta en palestinsk stat på basis av 1967 års gränser. De har fått en rad internationella priser, bland annat från Anna Lind-stiftelsen.

### Courage to Refuse

www.seruv.org.il/english/

Bildades 2002 av IDF-soldater och IDF-officerare, som vägrar tjänstgöra på ockuperat område. De har vacklat i sin strategi i fråga om vapenvägrarna: tiga om deras existens, se till att de hamnar i fängelse eller tjänstgöring enbart i Israel.

### Defence for Children International

*www*.dci-pal.org

Samarbetar med sin israeliska systerorganisation, som man hittar via www.crin.org, för att försvara barnens rättigheter

## EAPPI
www.eappi.org/
EAPPI är Kyrkornas Världsråds projekt som påbörjades 2002 som ett gensvar på en begäran från kyrkoledare i Jerusalem om internationell närvaro. EAPPI ägnar sig åt preventiv närvaro och stöd till såväl utsatta palestinska områden som den israeliska fredsrörelsen. EAPPI har ett lokalt kontor i Gamla stan, Jerusalem. I Sverige samordnas projektet (SEAPPI) av Sveriges Kristna Råd, som har samarbetsavtal med ett tiotal kristna organisationer.

## Gisha Legal Center for Freedom of Movement
www.gisha.org
Grundad 2005 stöder denna israeliska organisation palestiniernas – främst dem i Gaza – rätt att röra sig fritt. *Gisha* betyder både "tillgång till" och "närmande". Kampen mot restriktionerna förs både genom opinionsbildning och i domstolarna. Den handlar till exempel om tillgång till arbete, utbildning och hälsovård.

## HaMoked: Center for the Defence of the Individual
www.hamoked.org.il
Grundades 1988 i samband med den första intifadan. Deras agenda är bred: Rätten att bo i Östra Jerusalem, att röra sig, familjeåterförening, fångars villkor, husrivningar som bestraffning mm. Deras personal består av ett trettiotal judar och palestinier.

## Haqel (The Field): Jews and Arabs in Defense of Human Rights
*haqel.org.il*
Bildat 2016 av tre tidigare RHR-medarbetare i avsikt att engagera judiska, kristna, muslimska och sekulära MR-aktivister i ett löst nätverk. Juridiskt stöd till palestinier, som riskerar att förlora sin mark, liksom till beduiner tillhör prioriterade uppgifter.

## Holy Land Trust (HLT)
*www.holylandtrust.org*
HLT beskriver sig själv som en icke religiös organisation, men de vill verka i Skaparens anda och är öppen för judar, kristna och muslimer. Den går tillbaka på åren efter Osloavtalet och arbetar bland annat med att utbilda palestinier i ickevåld. Beläget i Gamla stan, Betlehem

## ICAHD – The Israeli Committee Against House Demolition
www.icahd.org
MR- och fredsorganisation, grundad 1997, för att genom ickevåldsmetoder och direktaktioner ursprungligen ägna sig åt protester mot förstörelse av palestinska hus, men som i dag vidgat sitt arbete till fler projekt. Har konsultativ status i UNESCO. Stöder BDS, vilket man dock inte längre kan göra offentligt på grund av beslut i Knesset. Frontfigur är Jeff Halper som har nominerats för Nobels fredspris.

## IPCRI – Israel Palestine Creative Regional Initiatives
www.ipcri.org
Världens enda israelisk-palestinska think-tank, grundad i Jerusalem 1988, numera beläget i Tantur utanför Betlehem. Arbetar för att förändra attityder och politik samt finna praktiska lösningar på konflikten. Gershon Baskin, grundare och länge ledare för IPCRI tillsammans med palestinier, spelade en stor roll som länk mellan Hamas och israeliska regeringen i förhandlingarna om soldaten Shaliths frigivning.

## Ir-Amim
www.ir-amim.org.il/en/node/22
En israelisk organisation som arbetar för ett hållbart Jerusalem med lika rättigheter för både palestinier och israeler. Analyserar och informerar om utvecklingen och söker förhindra åtgärder, som försvårar framtida förhandlingslösningar. Grundat 2000.

## Israel Hofsheet

www.bfree.org.il

En israelisk gräsrotsrörelse, grundad 2009, som verkar för ett samhälle med kulturell och religiös pluralism, värnar om mänskliga rättigheter och demokrati utifrån självständighetsförklaringen.

## Kväkarna i Ramallah

www.ramallahquakers.org

Kväkarna tror att det finns något av Gud i varje människa. Därför vänder de sig mot alla former av våld, och tolerans är mycket viktigt för dem. Jean Zaru är frontfigur.

## New Profile

www.newprofile.org

"New Profile – Movement for the Civilization of Israeli Society" är en grupp av feministiska kvinnor och män, som bedriver hård kritik av det militaristiska israeliska samhället. Stöder ungdomar som väljer att inte göra sin värnplikt trots att detta är förbjudet.

## Palestinian Centre for Human Rights

*www.pchrgaza.org*

Beläget i Gaza City har PCHR ett omfattande internationellt nätverk, som gett det frihet att kritisera kränkningar av mänskliga rättigheter begångna av Hamas, palestinska myndigheten och Israel. Ledaren Raji Sourani har mottagit flera internationella priser.

## Parents Circle – Israeli Palestinian Bereaved Families For Peace

www.theparentscircle.org

"Parents Circle" samlar israeler och palestinier som förlorat någon familjemedlem i konflikten, och arbetar för försoning i stället för hat och hämnd.

## Ta'ayush
www.taayush.org
Araber och judar, israeler och palestinier, som tillsammans arbetar med ickevåldsaktioner för jämlikhet, rättvisa och fred samt att ockupationen ska upphöra. Aktivt sen 2001.

## Terrestrial Jerusalem
*www.t-j.org.il*
Leds av grundaren Daniel Seidemann, framstående expert på allt som rör utvecklingen i och kring Jerusalem och hur den påverkar förutsättningarna för en tvåstatslösning.

## The Hope – Israeli NGOs
www.makomisrael.org
Paraplyorganisation för israeliska sociala NGOs, som i hög grad undviker att ta ställning i den israelisk-palestinska konflikten utan främst koncentrerar sig på de stora sociala klyftorna i Israel – störst av dem i i-länderna.

## Wahat al-Salam – Neve Shalom
*wasns.org*
I "Fredens Oas" har i mer än 25 år judiska och palestinska familjer bott och drivit en tvåspråkig grundskola, den första i sitt slag. Dessutom har över 35 000 unga och vuxna studerat utvecklingsfrågor för Israel och dess grannländer.

## Women in black
www.womeninblack.org
"Women in Black" är en världsvid organisation som genom olika aktioner kämpar för rättvisa och en värld utan våld. I Israel, där det hela startade, står grupper med svartklädda kvinnor på olika platser varje fredag mellan klockan 12 och 13 med skyltar som uppmanar att stoppa ockupationen.

**Yesh Din**

*www.yesh-din.org/*

Israelisk människorättsorganisation, bildad 2005, som framför allt stöder palestiniers rättigheter genom att bevaka IDF-soldaters och bosättares övergrepp på palestinier. Stöder enskilda palestinier men arbetar även på systemnivå.

**Yesh Gvul**

http://www.yeshgvul.org/en/about-2/

Bildades 1982 i samband med första Libanonkriget. Stöd till vägrare, mot ockupationen, jobbar även med inhemska sociala frågor

**Zochrot**

*www.zochrot.org*

*Nakba* – katastrofen – är palestiniernas namn för vad som hände 1948. Zochrot, bildat 2002, vill att även judiska israeler ska komma ihåg och att alla tillsammans ska kunna skapa ett samhälle gemensamt och rättvist för alla, oberoende av etnicitet.

# Vidare läsning

Susan Abulhawa, *Morgon i Jenin*. 2011.

Pernilla Ahlsén, *En fattig familjs hem tar bara fem minuter att riva: Livet i skugga av konflikten*. 2006.

Johan Berggren, *Den perfekta konflikten. Israel-Palestinafrågan inifrån*, 2022.

William Dalrympel, *Från det heliga berget. En resa i skuggan av det bysantinska riket*. 2002.

Sune Fahlgren m fl, *Pilgrimsfärd för rättvis värld. Möten med kyrkorna i Israel och Palestina*, 2023.

Stefan Foconis & Tomas Anderssons, *Levanten: Mellanöstern utan gränser,* 2016.

Anita Goldman, *Jerusalem & jag*. Natur & Kultur, 2017.

Göran Gunner & Robert O Smith, *Comprehending Christian Zionism. Perspectives in Comparison*, 2014.

Bernt Jonsson, *Nästa år i Jerusalem – dröm och mardröm*, 2022.

Raja Khouri & Jeffrey Wilkinson, *The Wall Between: What Jews and Palestinians Don't Want to Know about Each Other*. 2023.

Matts Mattsson, *Status quo? En berättelse om ockupation, motstånd och solidaritet i Palestina och Israel*. 2017.

Mitri Raheb, *Betlehem belägrat. Berättelser om hopp i ockuperat land*. 2005

Mitri Raheb, *Tro under ockupation*. 2013.

Karin Roxman, *Sverige i Jerusalem*. 2020.

Jean Zaru, *Fångad av ickevåld. En palestinsk kvinna talar*. 2010.

# Orden och saken
## *Definitioner av några centrala begrepp*
## *i anslutning till Mitri Rahebs bok*

Den grekiske filosofen Sokrates myntade påståendet att "kunskapens
början är definitioner av begrepp". Ord har en enorm kraft. Det är
särskilt giltigt i konflikter och motsättningar. Därför är det nödvän-
digt att stanna upp och klargöra några av de ord och begrepp som
används i Mitri Rahebs bok. Alla som på allvar försöker sätta sig in
i förhållandena och frågorna blir förr eller senare frustrerade över
nyckelordens olika betydelser och värde.

### 1948

Staten Israel utropades i maj 1948 av den förste premiärministern
David Ben Gurion. Under kriget som bröt ut mellan Israel och arab-
staterna förstördes hundratals palestinska byar i vad som av vissa be-
tecknas som en etnisk rensningskampanj. Runt 750 000 palestinier
blev flyktingar i Jordanien, Libanon, Syrien och Gaza.

### BDS

Förkortningen står för bojkott, desinvesteringar och sanktioner. År
2005 grundades BDS-rörelsen av palestinier via ett upprop för fri-
het, rättvisa och jämlikhet. Sedan dess har rörelsen spridits över
hela världen och samlar organisationer och individer som uppmanar
till ickevåldsaktioner tills Israel agerar i enlighet med internationell
rätt. BDS är inspirerat av den sydafrikanska anti-apartheidrörelsen,
och dess kärna är att alla människor har samma rättigheter och skyl-
digheter.

### Checkpoints

Israeliska militära vägspärrar på de palestinska områdena. Många är
av permanent karaktär längs separationsmuren och begränsar rörlig-
heten för palestinier, medan andra kan vara mer spontana och tillfäl-

liga för att kontrollera rörligheten. En känd checkpoint är Qalandiya söder om Ramallah och Checkpoint 300 i Betlehem.

## Corpus separatum

I november 1947 antog Förenta nationernas generalförsamling den viktiga principen om Jerusalem som *corpus separatum*. Resolutionen bekräftades av generalförsamlingen i december 1949. I resolutionen förordades följande lösning:

1. Staden Jerusalem borde etableras som en *corpus separatum* under en speciell internationell regim och administreras av FN.
2. FN:s förvaltarskapsråd borde utses till administrerande myndighet.
3. Staden skulle omfatta (dåvarande) Jerusalems kommun samt de omgivande byarna och städerna.

Jerusalem skulle alltså bli en internationell stad under förvaltarskapsrådet. I samma resolution rekommenderade generalförsamlingen en delning av Palestina i en judisk och en arabisk stat, i en ekonomisk union med varandra.

## Dispensationalism

Dispensationalism är en syn på historia som växte fram inom anglosaxisk väckelserörelse i slutet av 1800-talet. Tänkesättet i denna teologi har gett upphov till den alarmistiska eskatologi som i nutid utmynnade i filmer som "Som en tjuv om natten" och senare även den så kallade "Lämnad kvar"-serien.

En förgrundsgestalt för dispenationalismen var irländaren John Nelson Darby (1800–1882), som blev ledare inom Plymouthbröderna. Hans många böcker förmedlade en modell för tolkning av historien som indelad i olika *dispensationer* (hushållningar). Sådana föreställningar har funnits tidigare i kyrkohistorien, men fick ny aktualitet genom Darbys indelning av historien i sju dispensioner och att vi nu lever i en tid då Satan ska komma till makten och regera. Detta ska i sin tur förebåda Kristi återkomst, hans seger över Satan och upprättandet av tusenårsriket. Dispensationalister tror att Gud har en speciell roll för Israel.

Under 1900-talet har dispensationalismen ofta kombinerats med olika konspirationsteorier, som hävdar att tekniska innovationer, sociala rörelser och internationella samarbeten, håller på att bana väg för en världsregering som kommer att ledas av antikrist.

Dispensationalismen kom till Sverige genom evangelisten Fredrik Fransson och hans bok *Himlauret* (1897). Den spreds bland annat genom den framväxande pingstväckelsen och Lewi Pethrus bok *Jesus kommer* (1915).

## Evangelisk och evangelikal

Ordet *evangelisk* betyder "tillhörande evangeliet, det glada budskapet". I historien har det i kyrkorna i väst kommit att beteckna kyrkor och rörelser som i reformationstidens anda på 1500-talet betonar evangeliet, i synnerhet Nya testamentet. Ordet används som en självbeteckning på protestantiska kyrkosamfund, inte minst i Norden – såväl folkkyrkor som frikyrkor.

I Jerusalem är det framför allt ett snarlikt begrepp – *evangelikal* – som blivit vanligt på senare tid. *Evangelikal* ska inte förväxlas med *evangelisk*. Evangelikalism är en modern protestantisk rörelse med fokus på personlig omvändelse, fundamentalistisk bibeltrohet och betoning av helgelse – ofta i kritik av de äldre kyrkorna som beskrivs som "döda".

Bland evangelikala kristna finns grupper som utvecklat en sionistisk politisk ideologi ("kristen sionism"), som ser i staten Israels tillkomst en uppfyllelse av bibliska profetior om den yttersta tiden, då Kristus ska komma åter och avsluta världen så som vi nu känner den.

## Folkrätt

Folkrätten (eng. International Law) har växt fram under århundraden och rör allt från internationellt samarbete till lagar om hur krig får föras. Den reglerar alltså relationerna mellan stater, men sedan andra världskrigets slut har mänskliga rättigheter blivit en viktig del av folkrätten. Till den hör även konventionerna om apartheid, respektive förhindrande av folkmord. Romstadgan definierar såväl folkmord som brott mot mänskligheten (däribland apartheid).

## Intifada

Det arabiska ordet intifada blev beteckningen på den folkliga palestinska resningen som började i Gaza 1987 och spred sig till Västbanken. Ordet kommer av ett verb som betyder "att skaka av sig". Under den första intifadan spreds bilder på stenkastande palestinska ungdomar i kamp mot israeliska tanks. I början av 2000-talet bröt den så kallade andra intifadan ut, som i högre grad bedrevs av militanta och islamistiska grupperingar och ledde till många dödsoffer. Mest uppmärksammat i media blev de så kallade självmordsbombningarna. Under 2000-talets första årtionde beräknas cirka tusen israeler och fem tusen palestinier ha dödats.

## Israeler

En israel är en medborgare i staten Israel. I dag är de flesta israeliska medborgare judar (cirka 76 procent). Övriga israeler är palestinska araber (muslimer och kristna) och druser. Det finns även ett mindre antal andra, såsom anhängare av Bahai.

## Jude, judar

Begreppet jude har blivit ett mycket laddat begrepp på grund av den långvariga konflikten. Det är viktigt inte röra ihop vad jude och andra relaterade ord egentligen betyder var för sig.

Jude är en person som praktiserar judisk tro och tradition och/ eller ser sig själv som en del av det judiska folket. Det finns en stor diskussion bland judar om vad som konstituerar deras identitet.

Utifrån en etablerad ortodox judisk religiös tradition (*halacha*) är en jude någon som fötts av en judisk mor eller konverterat för en erkänd rabbin. Från sekulära perspektiv är jude däremot en kulturell identitet som den enskilda individen bekräftar eller kan frånsäger sig.

Judendomen har sitt ursprung i detta område och judar har alltid varit en del av folken i Palestina och övriga delar av Levanten. Men när judar migrerade härifrån och bosatte sig över hela världen spreds också judendomen. I mitten av 1800-talet fanns ett fåtal judar kvar i Palestina. Merparten bestod då av muslimer och kristna. Det flesta judar som i dag finns i Israel och Palestina har sina rötter i Europa, Nordafrika och Nordamerika.

## Korståg

Begreppet korståg refererar till den invasion av Levanten och Egypten som började 1095 och slutade 1291. Detta militära fälttåg uppstod i Europa när kristna uppviglades till att försöka "befria" Kristus grav i Jerusalem – och andra platser som nämns i Bibeln – från det muslimska väldet. På den tiden var det seldjukerna, ett turkiskt folk. Korsfararna auktoriserade av kyrkan och deras fälttåg riktades mot folk som uppfattades vara västkyrkans värsta fiender, alltså en farlig blandning av tro, politik, krig och kolonialism. Detta erövringskrig i Guds namn blev ett sätt för kyrkan att befästa sin makt i Europa.

Påven Johannes Paulus II bad år 2000 om förlåtelse för västkyrkans synder under korstågen:

> Världens herre, allas Fader, genom din Son har du befallt oss att älska våra fiender, att göra gott mot dem som hatar oss och att be för dem som förföljer oss. Ändå har kristna ofta förnekat det goda budskapet. Drivna av maktbegär har de förtryckt etniska gruppers och folks rätt och rättigheter och tvingat på andra sina egna kulturella och religiösa traditioner; Var nådig och barmhärtig mot oss och ge oss syndernas förlåtelse.

I dag används ordet korståg åter igen, särskilt i en del muslimska sammanhang, för att fördöma den politik som väst bedriver i Mellanöstern.

## Kristen

En kristen är en troende på Jesus från Nasaret som Kristus. Hon eller han är medlem i en gemenskap av troende som kallas kyrka eller församling. Kristi kyrka uppstod i Jerusalem under första århundradet i vår tideräkning. När kyrkan spreds ut över områdena i östra delen av Medelhavet gavs beteckningen "kristna" först till en grupp troende i Antiokia (Apg 11:26).

Från Jerusalem och Antiokia har sedan kyrkan fortsatts att spridas utöver jorden, som nu gör att kyrkan utgörs av folk från olika länder, etniska grupper och språk. Det finns en rik mångfald av kristna, med olika traditioner, kulturella arv och uttryck: bysantinare, orientaler, katoliker, armenier, kopter, syrianer, etiopier och alla olika kristna trossamfund i väst.

## Messiansk

Ursprungligen betyder messiansk att tro att Messias (en räddare) ska komma eller har kommit. Politiskt betecknar det i dag radikala grupper som rättfärdigar eller till och med använder våld utifrån en religiös-politisk ideologi. Bland dem som stöder sionism kan begreppet messiansk referera till judar och kristna som ser staten Israel som ett tecken på att Messias är på väg (judar) eller kommer åter (kristna). Denna messianska sionism anser att staten har fullt stöd i angreppen mot sina påstådda fiender.

Ordet messiansk används också av kristna grupper som inkorporerar element av judendom och judisk kultur. Beteckningen *messiansk judendom* användas även ibland av judar som valt att konvertera till kristendom. Messianska judar har i regel inte sökt sig till någon etablerad kristen grupp, men många av dem är anknutna till och/eller får stöd av evangelikala kristna.

## Nakba

Nakba eller *al-nakba*, "katastrofen" på arabiska, betecknar fördrivningen av palestinier från mer än fyrahundra byar och städer när staten Israel bildades 1948. Hundratals palestinska byar jämnades med marken och palestinierna blev ett folk med mer än sjuhundra tusen flyktingar. I dag är flyktingarna mer än fem miljoner. Nakba används som begrepp särskilt om händelserna 1948, men har alltmer kommit att användas om Israels kontinuerliga fördrivning av det palestinska folket från palestinsk mark.

## Nekropolitik

Politik som tillämpar död, dödande och förstörelse för att få makt över en grupp eller ett folk. Begreppet är centralt för den kamerunske filosofen Achille Mbembe.

## Sionism – Anti-sionism – Kristen sionism

Sionismen är ett slags judisk nationalism som eftersträvar att återförena det judiska folket efter diasporan (exilen, den judiska förskingringen från 70 e. Kr.) och återskapa ett permanent hem i *Eretz Israel* (landet Israel). Ordet "Sion" är ett geografiskt namn på en bergkulle i Jerusalem som fått symbolisera judarnas längtan efter att få återvända. Denna längtan tog intryck av den moderna europeiska nationalismen och kolonialismen under 1800-talet och ledde till framväxten av olika former av judisk nationalism och kolonialism. En förgrundsgestalt i den sionistiska rörelsen var Theodor Herzl (1860–1904). Parallellt med hans politiska sionism växte det också fram religiös, praktisk, socialistisk och kulturell sionism.

En sionist är en företrädare för en politisk ideologi som hävdar judarnas rätt att återvändande till *Eretz Yisrael*, landet Israel, som ett "hemland" i det historiska området Palestina. Under judarnas historia i olika delar av världen har Sion (ett berg i Jerusalem) symboliserat deras längtan tillbaka.

Numera finns det även en anti-sionistisk rörelse bland judar i

Israel och USA som heter Jewish Voice for Peace (JVP). Rörelsen tar avstånd från föreställningar om att judar har mer rätt än andra till en judiskt etnisk stat, till exempel som den kommer till uttryck i 2018 års Nationalstatslag. Den anti-sionistiska rörelsen samverkar med andra anti-koloniala och anti-imperialistiska rörelser. Man lyfter fram det judiska folkets långa historia med förtryck och folkmord, men tar avstånd från sionismens lösning på det problemet. I regel menar anti-sionisterna att vägen till säkerhet och trygghet finns i en solidaritet som innebär "a shared future".

Bland dem som kallar sig "kristna sionister" finns en uttalad vilja att stödja staten Israel som bildades 1948 och som utökade sina gränser vid kriget 1967, vilket Mitri Raheb utvecklar i denna bok (kap 2). Dessa gör "israelresor" för att få se "uppfyllelsen" av Bibelns löften och "välsigna" Israel. Kristna sionister refererar ibland till bibeltexter för att försvara ockupationen och bosättarrörelsens stölder av land.

Så här definierar Mitri Raheb "kristen sionism":

Fenomenet kristen sionism finns i många former och uttryck. Den är djupt rotad i evangelikala kretsar, och den finns i såväl traditionella kyrkor som i liberalteologin. Från sina rötter i Europa spred den sig till Nordamerika och är i dag utbredd i det globala syd. Av det skälet finns det i dag ett stort behov av en ny syn på och definition av kristen sionism som omfattar alla dess olika uttryck. Därför hävdar jag att kristen sionism bör definieras som en kristen lobbyism som stöder den judiska bosättarkolonialismen på palestinsk mark genom att använda bibliska/teologiska konstruktioner inom ett metanarrativ och samtidigt ta hänsyn till globala överväganden.

Begreppet "kristen sionism" är också ett begrepp inom religionsvetenskaplig forskning. Rötterna till grundtankarna inom kristen sionism går att spåra långt tillbaka i historien, även om begreppet är relativt nytt. Vad det egentligen står för har visat sig svårt att fånga i en definition som förklarar varför kristen sionism väcker såväl positiva som negativa känslor och diskussioner. Denna komplexitet hänger troligen samman med att kristen sionism har många olika politiska, historiska och teologiska utgångspunkter. (Läs mer om rörelsen i Gunner & Smith, *Comprehending Christian Zionism. Perspectives in Comparison*, 2014.)

## Vapenisering

Mitri Raheb påstår i den här boken att det i Israel pågår en "vapenisering" av Josua, som enligt Gamla testamentet (Tanakh) var Moses följeslagare och senare israeliternas ledare. Josua fördelade detta land på de tolv stammarna. Han erövrade landet utan hänsyn till den ursprungliga befolkningen. Vapenisering är alltså berättelser som rättfärdiggör kolonialisering. Internationellt används begreppet också om militarisering för att driva igenom ekonomiska åtgärder som påverkar handeln, till exempel protektionism.

## Östra Jerusalem

Efter det arabisk-israeliska kriget (Nakba) 1948 delades Jerusalem. Den västra delen kom under israelisk överhöghet och många palestinska kristna familjer flydde. Den östra hamnade under jordanskt styre och omfattade bland annat Jerusalems gamla stad med några av de heligaste platserna i judendom, kristendom och islam. Efter Sexdagarskriget 1967 annekterade Israel östra Jerusalem. Den palestinska nationella myndigheten förklarade östra Jerusalem som sin huvudstad.